Diane von Weltzien

Rituale neu erschaffen

Elemente gelebter Spiritualität

SPHINX

»Die Wahrheit ist eine,
die Weisen nennen sie mit vielen Namen.«
aus den Veden

Die Deutsche Bibliothek – CIP-Einheitsaufnahme
Weltzien, Diane von:
Rituale neu erschaffen : Elemente gelebter Spiritualität /
Diane von Weltzien. – Basel : Sphinx, 1995
ISBN 3-85914-248-8

© 1995 der deutschen Ausgabe
by Sphinx Verlag, Basel/Switzerland
Alle Rechte vorbehalten.
Das Werk und seine Teile sind urheberrechtlich geschützt.
Jede Verwertung in anderen als den gesetzlich zugelassenen
Fällen bedarf deshalb der vorherigen schriftlichen
Einwilligung des Verlages.
Umschlagillustration: Andy Goldsworthy
Umschlaggestaltung: Charles Huguenin
Satz: Sphinx, Basel
Herstellung: Clausen & Bosse, Leck
Printed in Germany
ISBN 3-85914-248-8

INHALT

VORWORT 7

1. KAPITEL: Rituale: warum? 11
    Stirbt das Ritual? 19
    Was ist ein Ritual? 24
    Wie ist ein Ritual aufgebaut? 33
    Welche Funktion hat das Ritual? 40
    Was für Rituale gibt es? 48

2. KAPITEL: Die Symbole 66
    Das Symbol in Ritus, Traum und Mythos 67
    Die Symbolik der Freimaurer 71
    Begriffliche, sprachliche Symbole 74
    Bildliche, imaginative Symbole 75
    Persönliche Symbole 79

3. KAPITEL: Der rechte Ort 84
    Weltachse und Mittelpfosten 85
    Fünf magische Orte 87
    Vorchristliche Naturheiligtümer 93

Persönliche Kraftorte 95
Das Ziehen des Kreises 97

4. KAPITEL: Die rechte Zeit 99
Entwicklung in der Zeit 100
Zeitempfinden 101
Der Mond 104
Die Sonne 107
Persönliche Kraftzeit 111

5. KAPITEL: Der Ablauf des Rituals 113
Anfang und Ende 113
Das Drehbuch des Rituals 119
Die Hochzeit 126

LITERATUR 139

VORWORT

Ich war noch ein Kind, als ich mein erstes tiefgreifendes Erlebnis mit einem Ritual hatte. Mein Vater arbeitete damals in einem Entwicklungsprojekt im nordöstlichen Landesinneren Brasiliens, und wir hatten zum Jahreswechsel 1969/1970 das Haus einer befreundeten Familie während ihrer Abwesenheit übernommen. Es lag malerisch schön am Rande eines kleinen Fischerdorfes südlich von Recife direkt am Atlantik. Am 28. Dezember gegen Mitternacht riß uns das dumpfe Dröhnen von Trommeln aus dem Schlaf. Wir standen auf und näherten uns der Szene, die im Fackelschein und dem Scheinwerferlicht mehrerer Fahrzeuge ein unheimliches Schattenspiel bot. Menschen in langen weißen Gewändern bildeten einen Halbkreis um eine *Mãe de Santo*, eine *Macumba*-Priesterin, die in ihren Händen einen Gegenstand hielt. Begleitet vom aufgeheizten Rhythmus der Trommeln und von einem heiseren, manchmal schrillen Gesang, der nicht von dieser Welt zu sein schien, schritt die *Mãe de Santo* ins Meer. Als das Wasser ihre

Brüste berührte, hob sie den Gegenstand in ihren Händen hoch über den Kopf und tauchte dann mit ihm in der Brandung unter. Ohne Unterlaß pulsierte dumpf dröhnend der Rhythmus. Die weißen Gestalten mit den dunklen, merkwürdig verzerrten Gesichtern und den brennenden Fackeln in den Händen ließen mir vor Angst und magischer Faszination kalte Schauer über den Rücken rieseln. Vor dem grellen Licht der Autoscheinwerfer tanzten die Insekten der tropischen Nacht. Dann tauchte die *Mãe de Santo* aus dem Meer wieder auf, das weiße Baumwollgewand klebte an ihrem Körper. Der Halbkreis der Gestalten, die lange Schatten über den merkwürdig weißen Strand warfen, wich langsam vor ihr zurück, als sie gemessenen Schrittes das Wasser verließ.

In dieser Nacht hatte ich die rituelle Opferung an *Dona Conceção do Mar* oder, wie sie mit afro-brasilianischem Name heißt, an *Iracema*, die Schutzpatronin der Fischer, miterlebt. Die Gefühle, welche dieses Ereignis in mir wachrief, waren immer stark und klar in mir, wenn auch die Erinnerung an die Details des Rituals mit der Zeit verblaßten. Sie stiegen aus einer tiefen Dunkelheit in mein Bewußtsein empor, die mich furchbar erschreckte. Lange Zeit hatte ich als Kind und auch später noch entsetzliche Angst vor der Dunkelheit, vor der in meinem Inneren und jener, die mich nachts umgab. Langsam und schmerzhaft habe ich jedoch gelernt, daß die Dunkelheit oder das Dunkle nicht nur ein Abgrund ist, der mich zu verschlingen droht, sondern auch Geborgenheit, Ruhe und Frieden spenden und ein Quell der Inspiration sein kann. Denn dem Tod der Nacht entspringt das Leben des Tages. Und gerade das Angezogensein von diesem Widerspruch hat die Menschheit seit Jahrtausenden dazu getrieben, Rituale zu erdenken, in denen sie sich mit eben diesem Paradoxon auf magisch-religiöse Weise auseinandersetzt. Vielleicht kann dieses Buch ein wenig dazu beitragen, die heilende und inspirierende Kraft der Rituale auch in unserer hochzivilisierten westlichen Welt nicht ganz in Vergessenheit geraten zu lassen, indem es Ihnen, liebe Leserin und lieber Leser zeigt, wie man Rituale neu erschafft.

Ich danke allen Göttern und Menschen, die mir zu diesem Buch ihre Gedanken geliehen haben.

Schwarzenhof, im Oktober 1994

1. KAPITEL

Rituale: warum?

Sie wissen, wie eine Eheschließung in der Kirche abläuft? Erst vor wenigen Monaten hatte ich die Gelegenheit, die Trauung meiner Freunde Kerstin und Harry mitzuerleben. Es handelte sich um eine ökumenische Zeremonie, also waren neben den Verwandten und Freunden des Paares ein katholischer Priester und ein evangelischer Pfarrer anwesend, die sich bei der Handlung abwechselten. Gemeinsam empfingen die beiden Geistlichen das Brautpaar am Kirchenportal. Harry drückte seiner zutiefst gerührten Kerstin einen wunderschönen Brautstrauß in die Hände. Wir Gäste suchten uns derweil einen Platz in den Bänken, genossen die prickelnde Stimmung von Aufregung und Fröhlichkeit und lasen schon einmal die Liedtexte durch, die Kerstin und Harry ausgewählt hatten. Dann begann die Orgel zu spielen, und den Mittelgang entlang schritten gemessen die beiden Geistlichen und hinter ihnen Kerstin und Harry auf den Altar zu. Zur Einstimmung sangen wir ein Lied, das meine Freunde selbst ausgewählt hatten, und sprachen ein Gebet. Als Trauspruch hatten sich Harry und Kerstin das folgende Gedicht von Bertolt Brecht ausgewählt:

Morgens und abends zu lesen:
Der, den ich liebe
Hat mir gesagt
Daß er mich braucht.

Darum
Gebe ich auf mich acht
Sehe auf meinen Weg und
Fürchte von jedem Regentropfen
Daß er mich erschlagen könnte.

Im Hauptteil folgte die Lesung einer Bibelstelle und eine sehr bewegende Predigt, in der Priester und Pfarrer meine Freunde auf Sinn und Würde der christlichen Ehe aufmerksam machten. Daß der Priester Harry von Kindheit an kannte, machte die Zeremonie zu einem sehr herzlichen und manchmal auch fröhlichen Ereignis. Dann aber wurde es ernst, denn nach der Segnung der Ringe folgte nun die eigentliche Vermählung. «So schließt ihr jetzt vor Gott und vor der Kirche den Bund der Ehe, indem ihr das Ja-Wort sprecht. Dann steckt ihr einander den Ring der Treue an. – Harry, ich frage dich vor Gottes Angesicht: Nimmst du deine Braut Kerstin als deine Frau und versprichst, ihr die Treue zu halten in guten und bösen Tagen, in Gesundheit und Krankheit, und sie zu lieben, zu achten und zu ehren, bis der Tod euch scheidet? Dann sprich: ‹Ja, ich will.›» Und nachdem Harry sein «Ja, ich will.» gemurmelt hatte, forderte der Priester ihn auf: «Nimm jetzt den Ring, das Zeichen deiner Liebe und Treue, stecke ihn an die Hand deiner Braut und sprich: ‹Im Namen des Vaters und des Sohnes und des Heiligen Geistes.›» Harry kam der Aufforderung mit zitternden Händen und schwankender Stimme nach. Wie der Priester zuvor zu Harry, so sprach der Pfarrer nun zu Kerstin. Spätestens bei Kerstins leisem «Ja, ich will.» hörte man das Rascheln der Handtaschen und vereinzeltes Schluchzen oder Schnäuzen. Gemeinsam bestätigten die Geistlichen die Vermählung mit den Worten: «Reicht nun einander die rechte Hand. Gott, der Herr, hat euch als Mann und Frau verbunden. Er ist treu. Er wird zu euch stehen und das Gute, das er begonnen hat, vollenden. Im Namen Gottes und seiner Kirche bestätige ich den Ehebund, den ihr geschlossen habt. Sie aber,» und die beiden Geistlichen richteten sich nun an die Trauzeugen und die Gemeinde, «und alle die zugegen sind, nehme ich zu Zeugen dieses heiligen Bundes. Was Gott verbunden hat, das darf der Mensch nicht trennen.» Es folgte ein Lied, der Trausegen, das Vaterunser, das wir alle gemeinsam gefühlvoll und ausdrucksstark sprachen, und schließlich unter Orgelklängen der Auszug aus der Kirche. Dort klickten in strahlendem Sonnenschein die Photoapparate und buntes Konfetti flog durch die Luft, um in den Haaren von Kerstin und Harry hängenzubleiben.

Nun lassen Sie sich erzählen, wie eine Zeremonie mit dem gleichen Zweck bei den Luo in Kenia gefeiert wird.

Werben, Verlobung und Hochzeit sind bei den Luo, einem nelotischen, den Massai verwandten Volk, das an der Nordostküste des Viktoria Sees lebt, untrennbar miteinander verbunden.

Gemeinsam mit einem Freund und mit der Erlaubnis des Vaters macht sich ein junger Mann oder Krieger in der Nachbarschaft des eigenen Kraals bei entfernteren Verwandten auf die Suche nach einer geeigneten Braut, meistens ein Mädchen, das er schon seit längerem kennt. Im Gehöft seiner Auserwählten angelangt, läßt er sich in der Hütte der unverheirateten Männer, in der *simba*, nieder, wo er von der Kandidatin und ihren Freundinnen in Augenschein genommen wird. Einige Tage später besucht er das Mädchen erneut, diesmal mit zwei Freunden, von denen der eine in Beziehung zu beiden Familien steht und *jagam* genannt wird. Der junge Mann fragt das Mädchen, ob sie ihn heiraten will. Willigt sie ein, dann fordert sie ihn auf, die Angelegenheit mit ihren Eltern zu besprechen. Wenn diese von ihr gerufen kurz darauf in die *simba* treten, dann erkennen sie sofort, wer der Bewerber ist, da er zwischen seinen beiden Freunden sitzt. Der Heiratswillige überläßt seinem *jagam* die Verhandlungen, denn er weiß, daß die Brauteltern diesem vertrauen. Nach dieser ersten offiziellen Begegnung erfolgt nun die rituelle Brautentführung. Zu diesem Zweck geht der *jagam* mit den Freunden des jungen Mannes im Morgengrauen zum Kraal des Mädchens und besticht die alte Frau, welche die Aufsicht über die Mädchenhütte hat, mit einem Geschenk, damit sie den Entführern die zukünftige Braut aushändigt. Das Mädchen schreit und windet sich, bis die jungen Männer ihres Kraals angelaufen kommen, um sie zu verteidigen. In einem gespielten Kampf ringen beide Parteien um das Mädchen, die sich mit Händen und Füßen wehrt. Sobald sie jedoch außer Hörweite ihres Gehöfts ist, geht sie freiwillig und fröhlich mit den Freunden ihres Bräutigams mit. In dessen *simba*, wo sie untergebracht ist, wird sie von seinen Brüdern und Schwestern unterhalten, die ihr die Vorzüge ihres neuen Zuhauses in bunten Farben schildern. Abends kommen die Freundinnen und Schwestern des Mädchens, um der rituellen Defloration beizuwohnen. Sie findet unter Anwesenheit der Brautschwester, die *jadong* genannt wird, und des Bräutigambruders auf einer Kuhhaut statt. Ist der Akt vollzogen, so ruft die *jadong* die Freundinnen der Braut herein, die über den Bräutigam mit den Worten herfallen: «Du hast unsere Schwester getöte.» und ihn nach Herzenslust verprügeln. Der junge Mann flieht und überläßt die *simba* seiner Braut, ihren Freundinnen und seinen Freunden, welche zusammen die Nacht hindurch singen. Am anderen Morgen kehren die Freundinnen der Braut ohne die *jadong,* aber mit der blutigen Kuhhaut in ihren Kraal zurück und bewerfen zusammen mit den übrigen Dorfbewohnern die Eltern der Braut mit Asche. Damit ist die Ehe vollzogen und die Angehörigen des Bräutigams beschenken die Braut mit einer Ziege, einem Lendenschurz und dem *cieno*, einen Gürtel mit einem schwanzähnlichen Fortsatz, der den neuen Status der Braut für alle sichtbar anzeigt. Noch am gleichen Tag zieht eine Gruppe festlich geschmückter junger Frauen und Männer, deren Zahl hundert und mehr betragen kann, singend und tanzend zum Gehöft des Bräutigams. Dort angekommen, läßt ein Bruder der Braut diese und die *jadong* holen und fragt sie: «Wie hast du entschieden? Bist du einverstanden, daß wir einen Bullen verlangen? Bist du bereit, bei deinem Bräutigam zu bleiben und seine Frau zu werden?» Die *jadong* antwortet zustimmend für die Braut und der Bruder führt seine Gruppe in den Innenhof des Kraals, wo sie auf einen Bullen, den sie haben wollen, deuten. Da sie im allgemeinen den besten ausgewählt haben, entsteht einen Diskussion mit dem Bräutigamvater, doch die «Eindringlinge» geben sich schließlich auch mit einem anderen Rind zufrieden. Sie bringen es dem Brautvater als erste Anzahlung auf den Brautpreis. Etwa eine Woche später schlachten die Brauteltern eine Kuh, oder wenn sie reich sind auch zwei, und lassen das Fleisch durch die jungen Verwandten der Braut in deren neuen Kraal bringen. Die neuen Angehörigen der Braut, sie selbst, die *jadong* und ihre Verwandten lassen sich zum gemeinsamen Mal nieder. Nachdem sie einen Termin für den nächsten Schritt der Hochzeitszeremonie vereinbart haben, kehren die Besucher nach Hause zurück. Der Gegenbesuch des Bräutigams und seiner Verwandten bei den Brauteltern erfolgt wiederum einige Tage später. Bevor sie losziehen, beschmieren die Frauen des Dorfes die Braut und ihre *jadong* vor der Hütte ihrer Schwiegermutter mit Butter und bewerfen sie mit Sesam. Die Bräutigamschwester reicht ihrem Bruder einen Zweig, mit dem er seine Braut schlägt. Auch die Braut schlägt ihren Bräutigam mit diesem Zweig. Dann macht sich der Zug auf den Weg zu den Brauteltern, wo sie die Nacht hindurch feiern. Während die Braut diesmal bei ihren Eltern bleibt, kehrt der Bräutigam mit seinen Leuten am nächsten Morgen nach Hause zurück. Bisher ist noch immer nicht über den Brautpreis gesprochen worden. Nun aber beginnen die Zahlungen. Jedes Mal, wenn die Braut den Bräutigam besucht, verlangt sie ein Rind, daß sie ihren Eltern bringt. Das Mädchen wandert also so oft zwischen dem Kraal ihrer Eltern und dem ihres Bräutigams hin und her, bis ihre Eltern meinen, der Preis sei bezahlt. Erst dann darf der junge Mann seine Braut abholen. Dies tut er mit Unterstützung einer Delegation, in der sich auch der *jagam* und sein Vater befindet, denn es wird noch einmal zeremoniell um den Brautpreis gefeilscht. Schließlich gibt sich der Brautvater mit einer weiteren Färse oder einem Jungbullen zufrieden, und der Bräutigam darf das Mädchen mitnehmen. Ein großes Fest wird nun im Kraal des jungen Mannes gefeiert, an dem auch die jungen Leute aus dem Dorf des Mädchens teilnehmen. Es beginnt damit, daß die Braut sich versteckt und von ihrem Bräutigam gefunden werden muß. Wenn er sie endlich hat, dann versucht er sie dazu zu bewegen, mit ihm in die *simba* zu gehen. Seine junge Frau aber verlangt für jede kleine Tätigkeit ein Geschenk. So erhält sie einen Armreif von ihm, weil sie sich an seiner Tür bücken muß, und ein weiteres Schmuckstück, weil sie sich in der *simba* setzt. Auch die Verwandten des Bräutigams beschenken sie: je eine Ziege erhält sie für die Möglichkeit, daß ihr Mann seine Schwiegermutter beleidigen könnte, damit sie ihm jeden Tag respektvoll seinen Haferschleim vorsetzt, und damit sie in seinem Haus für ihn kocht; je ein Schmuckstück bekommt sie für den Fall, daß sie sich beim Kochen verbrennt, dafür, daß sie für ihren Mann Botengänge übernimmt und seine Spucke von Boden aufwischt; je ein weiteres Geschenk wird ihr gemacht damit sie für ihn Wasser holt, ihm seinen Hocker bringt, und damit er mit dem Kopf auf ihrem Arm schlafen darf.

Diese stark verkürzte Schilderung der Luo-Hochzeitsriten basiert auf den Beschreibungen des englischen Ethnologen und Professors Sir Edward Evan Evans-Pritchard (1902–1973), der die Luo 1936 besuchte.

Nun haben Sie zwei lebendige Beispiele für ein Hochzeitszeremoniell kennengelernt. Mit beiden wird ein für das weitere Leben maßgeblicher Einschnitt in der Biographie zweier Menschen gefeiert. Natürlich erscheint uns das Ritual der Luo fremd und magisch im Vergleich zu unserer vertrauten kirchlichen Trauungszeremonie, die dafür vielleicht stärkere Gefühle transportiert. Auch könnte man dem ethnologischen Beispiel entgegenhalten, daß es zeitlich zu weit zurückliegt, um noch als «lebendiges» Ritual bezeichnet zu werden, und ganz gewiß würde auch jede moderne Frau gravierende Einwände gegen einen solchen Ritus haben. Wenn man diese Bedenken und die ganze Exotik jedoch einmal beiseite läßt, dann fallen beim Vergleich der beiden Rituale unter anderem zwei Dinge ins Auge: im Ritual der Luo gibt es keinen Priester, und es ist eine sehr viel größere Zahl von Menschen *aktiv* an ihm beteiligt.

Durch diese beiden praktischen Beispiele haben Sie sich eine Vorstellung davon bilden können, um welche Art von Ritualen es in diesem Buch gehen könnte. Damit Sie jedoch, wie es das Buch verspricht, selbst sinnvolle Zeremonien zu unterschiedlichen Anlässen erschaffen können, müssen Sie zunächst ein grundlegendes Verständnis für die Bedeutung, die Funktion und den Sinn von Ritualen im allgemeinen erwerben. Die hierzu erforderliche Wissensgrundlage soll im folgenden geschaffen werden.

Stirbt das Ritual?

Es besteht wohl kaum ein Zweifel darüber, daß in Industriegesellschaften die Zahl und Vielfalt von Ritualen sehr zurückgegangen ist. Die Kirchen, deren Privileg es noch immer ist, Rituale auszurichten, verzeichnen seit Jahren eine stetig wachsende Zahl von Austritten. Zwar nehmen die meisten Menschen noch immer die Dienstleistung von christlicher Taufe, Trauung und Totenbegräbnis in Anspruch, doch mit den in ihnen transportierten christlichen Werten wollen sich viel nicht mehr identifizieren oder lehnen sie gar ab. Wer kann sich bei einer statistischen Lebenserwartung für Frauen von neunundsiebzig und für Männer von sechsundsiebzig Jahren wie auch bei der hohen Scheidungsrate noch vorstellen, bei ein und demselben Partner auszuharren, «bis der Tod sie scheidet»?

Die katholische Kirche sieht dieses Problem sehr wohl und revidiert ihren Trauungsritus alle paar Jahre. So wurde bei der Überarbeitung von 1992 der Satz «bis der Tod euch scheidet» durch «alle Tage seines beziehungsweise ihres Lebens» ersetzt. Das Versprechen der Liebe und Treue gilt somit bis zum Lebensende des Partners; dann wird einer frei für eine eventuelle neue Bindung. Immerhin darf man jetzt nach dem Tod des Partners mit dem Segen der Kirche eine neue Ehe eingehen.

Solche kleinen Änderungen werden auch bei den anderen Konfessionen regelmäßig durchgeführt. Sie vermögen es jedoch nicht, skeptische Kirchgänger davon zu überzeugen, daß sie endlich doch aktiv und verantwortlich an der Gestaltung ihres Glaubens beteiligt werden.

Menschen, die ihre Kirchen verlassen, tun dies entweder aus Desinteresse an den Idealen, die dort vermittelt werden, oder um in anderen Gemeinschaften spirituelle Zugehörigkeit und Geborgenheit zu finden. Da die zuerst genannte Gruppe sicherlich sehr groß und die zweite klein sein dürfte, legt dies den Schluß nahe, daß eine generell abnehmende Neigung für das Ritual schlechthin besteht.

Noch immer scheint der Einfluß von Charles Darwins (1809–1882) Evolutionstheorie Nachwirkungen zu haben: Wir meinen, die hochentwickelten, zivilisierten Industriestaaten *haben es nicht mehr nötig*, Rituale zu feiern (spirituell zu sein, an Gott zu glauben), während die unterentwickelten, primitiven Dritte-Welt-Staaten sie jedoch *noch brauchen* (noch an die Existenz eines Gottes oder einer Geisterwelt glauben, und daß es Dinge gibt, die man nicht erklären kann). Unsere Arroganz der Besserverdienenden läßt da unmerklich Spiritualität zu einem Indikator für mangelnde Zivilisation und Entwicklung werden.

Hinzu kommt die vorgefaßte, bis vor kurzem von der anthropologischen und ethnologischen Forschung untermauerte Auffassung, ausnahmslos alle Naturvölker seien von Natur aus tiefreligiös und (leicht-)gläubig und hätten deshalb einen mehr oder weniger großen Ritualbestand in ihrem spirituellen Katalog. Umgekehrt scheint dies zu beweisen, daß Säkularismus, also die Verweltlichung, ein modernes Phänomen ist, das auf die wachsende Verstädterung, den hohen Stellenwert der Naturwissenschaften oder auch auf den Abbau und Verfall der traditionellen Gesellschaftsformen zurückzuführen ist. Neuere Forschungsergebnisse zeigen jedoch, daß es, so die Sozialanthropologin Mary Douglas (geb. 1921), «auf dem Niveau der Stammeskulturen ein ebenso vielfältiges Nebeneinander von Skeptizismus, Materialismus und spiritueller Inbrunst gibt, wie bei einem beliebigen Querschnitt der Bevölkerung Londons. Somit hat der Gegensatz ‹säkularistisch› – ‹religiös› mit dem Gegensatz ‹modern› – ‹traditionsgebunden› nicht das mindeste zu tun. Säkularismus ist vielmehr ein urtümlicher Typ von sozialen Erfahrungen, der in keinem notwendigen Zusammenhang mit dem Stadtleben oder mit der Entwicklung der modernen Wissenschaft steht.»

Ich schließe daraus, daß Rituale nicht etwas sind, von dem eine Gesellschaft sich fortentwickeln kann, so wie ein Kind etwa aus einem Paar Schuhe herauswächst und es deshalb ablegt. Rituale thematisieren vielmehr einen universalen archetypischen Stoff, der allen Kulturen gemeinsam und unsterblich ist.

Dennoch steht es außer Zweifel, daß der qualitative und quantitative Gebrauch von Ritualen einem Prozeß unterworfen ist. Ein Prozeß des Niedergangs, umgekehrt proportional zum Wachstum von Industrialisierung und Verstädterung, so haben wir zuvor festgestellt, ist er nicht. Doch wie läßt sich die Veränderung sonst erklären?

Offenbar ist es hier ähnlich, wie bei vielen gesellschaftlichen Phänomenen auch: Innerhalb eines großen Zeitraums pendelt der Gebrauch von Ritualen zwischen extremer Hinwendung und extremer Abneigung so lange hin und her, bis er sich in der Mitte einschwingt.

Der Antiritualismus ist das bewegende Element vieler protestantischer Sekten und war letztlich auch für Luther und die Reformation ein zentral motivierender Faktor. In unserem Jahrhundert wurde Antiritualismus vor allem durch die achtundsechziger Generation zum Ausdruck gebracht. Sie plädierte nicht nur für die Abschaffung aller unbedeutenden, nur äußerliche, leere Gesten vollziehenden Rituale, sondern verwarf das Ritual schlechthin. Den höchsten Wert sah diese Protestbewegung in der Innerlichkeit des Erlebens, in der Form von Erkenntnis, zu der sie nur durch Spontaneität und Intuition Zugang zu finden glaubte. Folglich revoltierte sie gegen alle normierten Ausdrucksformen, lehnte die Vermittlerrolle des Establishments – sei es politisch oder kirchlich – ab und suchten nach Kräften zu verhindern, daß sich Gewohnheiten herausbildeten, die zur Basis eines neuen Symbolsystems werden konnten. «Wenn sich gegen Ende dieses Proteststadiums das Bedürfnis nach Organisation durchsetzt,» so erklärt Mary Douglas das Paradox, daß ausgerechnet aus dem Antiritualismus ein neuer Ritualismus geboren wird, «dann wird der Konflikt sichtbar zwischen der antitualistischen Grundeinstellung und der auf Dauer unumgänglichen Notwendigkeit, ein kohärentes Ausdruckssystem zu entwickeln; und dann beginnt die Wiedereinsetzung des Ritualismus innerhalb des neuen Kontexts von sozialen Beziehungen.» Jedesmal jedoch, wenn die Revolte gegen den Ritualismus abebbt und die Sehnsucht nach rituellem Ausdruck wieder die Oberhand gewinnt, hat das erneuerte Symbolsystem etwas von seinem ursprünglichen, kosmisch-umfassenden Charkter eingebüßt. Mit anderen Worten, es handelt sich bei den wiederkehrenden Wellen des Antiritualismus nicht um den Tod des Rituals schlechthin, sondern um einen Reinigungsprozeß, nach dem wir einfacher und ärmer dastehen, gleichsam als rituelle Bettler. Wohin wir uns wenden, um unseren Ritualfundus wieder aufzustocken, ist nicht schwer zu erraten: An «primitive» Stammeskulturen und zurück in unsere eigene Vergangenheit.

Was ist ein Ritual?

Es gibt mehrere Forschungszweige, die sich mit dem Ritual befassen. Die Religionswissenschaft tut es, das ist naheliegend. Die Volkskundler und Ethnologen setzen sich damit auseinander, weil europäische Folklore und das Brauchtum von sogenannten «Naturvölkern» ohne Einbeziehung des Rituals nicht begreifbar sind. Aber auch Psychologen, Anthropologen, Theaterwissenschaftler – das Theater hat schließlich im Ritual seinen Ursprung – und die «Kreativen» aus der Werbebranche haben damit zu tun. Die Liste ließe sich fortsetzen, aber das würde zu weit führen.

All diese Forschungszweige haben unterschiedliche Vorstellungen davon, was ein Ritual nun wirklich ist. Die Religionswissenschaft betont den spirituellen Aspekt, die Verbindung, welche zwischen den Ritualteilnehmern und dem Gott, dem sie sich durch die Zeremonie zuwenden, entsteht. Für katholische Christen besteht darüber hinaus zwischen dem Begriff Ritual und den sieben Sakramenten – Taufe, Firmung, Kommunion (Abendmahl), Buße, Heirat, Priesterweihe und Letzte Ölung – ein enger Zusammenhang. Die Ethnologen der ehemaligen Sowjetunion (Professor Dr. Kirill Cistov) sahen im Ritual lediglich die

Bezeichnung für die gesamten nacheinander folgenden Handlungen, durch welche der eine oder andere Brauch realisiert wird. Eine Schule innerhalb der Sozialanthropologie (Mary Douglas) behauptet hingegen, das Ritual sei in erster Linie eine Form der Kommunikation und verlangt, daß es nicht auf eine entfremdete Routinehandlung, eine Formel für Machtausübung und sklavischen Konformismus reduziert werden darf. Denn Ritual bedeute nicht, gewisse äußerliche, hohle Gesten zu vollziehen, ohne sich der in ihnen zum Ausdruck kommenden Ideale und Werte innerlich verbunden zu fühlen. Genau das aber tun trotz Mary Douglas Vorstoß in die entgegengesetzte Richtung noch immer einzelne Schulen innerhalb der Anthropologie, indem sie Rituale als bestimmte Arten von Handlungen und als Ausdruck des Glaubens an bestimmte symbolische Ordnungen unabhängig von einer inneren Verpflichtung des Handelnden definieren.

Im grenzwissenschaftlichen Bereich der Esoterik sind es vor allem Anhänger der Alten Religion und des Schamanismus, die das Ritual pflegen. Die Hexe Sandra (geb. 1940) beispielsweise sieht das Ritual als einen «in seinem Wesen symbolischen Vorgang, einen für uns sichtbaren Ausdruck eines geistigen Phänomens, einer für uns unsichtbaren transzendenten und uns durch ihre Ganzheit übergeordneten Wirklichkeit. Das Ritual,» so fährt Sandra in ihrem Buch *Hexenrituale* fort, «wird von uns ‹künstlich› geschaffen, sozusagen inszeniert und ist damit ein synchrones Abbild einer Wahrheit. Da diese Wahrheit mit

unseren irdischen Sinnen nicht sichtbar ist, bedienen wir uns des Kunstgriffes Ritual und bekommen damit Anschluß an diese spirituelle Wahrheit. Das Prinzip des Rituals als Adapter zur Großen Kraft ist eigentlich sehr einleuchtend. Rituale ebnen uns den Weg in die unser Leben bestimmende gigantische Wirklichkeit.»
Die Psychologin und Therapeutin Catherine Herriger behauptet, daß eine rituelle Handlung, ob bewußt oder unbewußt, stets eine bestimmte Wirkung bezweckt. Und eben mit diesem «bewußt oder unbewußt» erweitert sie unseren bisherigen Definitionskatalog, indem sie schreibt: «Unser Alltag ist durchzogen von einem Netz teilweise unerkannter (und damit unbewußter) Rituale, sei es nun im privaten, im beruflichen oder im gesellschaftlichen Bereich ... Selbst unser Tagesablauf ist geprägt von rituellen Handlungen, die bei uns ein gutes Gefühl ‹heraufbeschwören› sollen.»

Bevor ich erkläre, was ich selbst unter dem Begriff Ritual verstehe, will ich hier noch zwei Sichtweisen vorstellen, die ich besonders bemerkenswert finde. Die erste ist eine historische und wird von Arnold van Gennep (1873–1957) in seinem 1909 veröffentlichten Buch *Übergangsriten* formuliert. Die zweite beruht auf den Schilderungen von Malidoma Patrice Somé, der im westafrikanischen Burkina Faso Medizinmann und Wahrsager der Dagara ist, ein Stamm, in dem Rituale noch in ihrer ganzen magischen Unverfälschtheit als fester Bestandteil des individuellen und sozialen Lebens gelten.

Arnold van Gennep wurde in eine Welt hineingeboren, die gerade eine immense Erweiterung ihres Horizonts erfahren hatte: Missionare, Reisende und Forscher berichteten nahezu täglich von neuentdeckten Völkern und Stämmen, von ihren spektakulären religiösen und kulturellen Bräuchen. Die Ende des 19. Jahrhunderts entstandenen akademischen Disziplinen Ethnologie (Völkerkunde), Ethnographie, Volkskunde (europäische Völkerkunde) und Anthropologie trugen eine Fülle von Merkwürdigkeiten fremder Kulturen zusammen, welche die Wissenschaftler eher über-wältigte, als daß sie von diesen hätte be-wältigt werden können. Die durch Charles Darwin ins Spiel gebrachte Evolutionstheorie führte zur Formulierung rein spekulativer Entwicklungsgesetze, die erst um die Jahrhundertwende von einem neuen Forschungsansatz abgelöst wurden: Die Ethnologen bezogen ihr Wissen nicht mehr ausschließlich aus den Forschungsberichten anderer, sondern begaben sich zur eigenen Recherche «ins Feld». Sie beobachteten vor Ort das Gebaren einzelner ethnischer Gruppen und befaßten sich somit erstmals mit konkreten Einzelphänomenen. Auf diesem neu bereiteten Boden entstanden ethnologische Schulen, die sich bis aufs Blut befehdeten. Vor dem Hintergrund dieses Szenarios gelang es van Gennep, sich eine erstaunlich unabhängige Haltung zu bewahren, und es fehlte ihm auch nicht der Mut, sich mit großen Kollegen wie Emile Durkheim (1858–1917), Sir James George Frazer (1854–1941) und Alfred Reginald Radcliffe-Brown (1881–1955) anzulegen. Dies hatte jedoch zur Folge, daß ihm in Frankreich eine Karriere an der Universität verwehrt und die Anerkennung seiner Arbeit zeitlebens versagt blieb. Sein bemerkenswertes Hauptwerk *Übergangsriten* fand, als es 1909 erschien, nicht die Beachtung, die es verdient hätte, und wurde von den meisten Wissenschaftlern der damaligen Zeit unterschätzt. Obwohl die Terminologie des Buches dem heutigen Leser antiquiert erscheint, so hat das Werk in den achtzig Jahren seit seinem Erscheinen doch einen fortdauernden, anregenden Einfluß auf die Erforschung von Struktur, Symbolik und Funkton von Ritualen ausgeübt.

Nun aber, nach diesem kurzen Ausflug in die Geschichte der Ethnologie, zurück zu dem, was Arnold van Gennep über Rituale sagt. In jeder Gesellschaft besteht das Leben des einzelnen darin, der sozialen Leiter nach oben zu folgen und nacheinander von einer Altersstufe zur nächsten und von einer Tätigkeit zur anderen überzuwechseln. In den auf die Gemeinschaft ausgerichteten Kulturen – wie es bei allen Stammesgesellschaften mehr oder weniger der Fall ist –, wird die Abgrenzung der auf diese Weise entstehenden sozialen Gruppierungen voneinander stärker empfunden, als in den auf das Individuum hin orientierten Kulturen, wie zum Beispiel die europäische eine ist. In der westlichen Gesellschaft ist der Übergang von einer Gruppe in die andere vor allem von ökonomischen oder intellektuellen Voraussetzungen geprägt. Lediglich für den Wechsel von der profanen in die sakrale Welt – bei der Priesterweihe oder dem Eintritt in einen Orden – müssen Zeremonien, Handlungen besonderer Art, vollzogen werden.

Hingegen erfordert bei tribalen Gesellschaften jede Veränderung im Leben eines Individuums teils organisatorische, teils magisch-religiöse Aktionen. «Das Leben eines Menschen,» schlußfolgert van Gennep, «besteht somit in einer Folge von Etappen, deren End- und Anfangsphase einander ähnlich sind: Geburt, soziale Pubertät, Elternschaft, Aufstieg in eine höhere Klasse, Tätigkeitsspezialisierung. Zu jedem dieser Ereignisse gehören Zeremonien, deren Ziel identisch ist: Das Individuum aus einer genau definierten Situation in eine andere, ebenso genau definierte hinüberzuführen.» Dieser Wechsel von einer sozialen Gruppierung in die nächste, dieser *Übergang*, wird auf magisch-religiöser Basis organisiert: durch ein Ritual, in dem eine bestimmte Anzahl magisch-religiöser Handlungen in einer festgelegten Abfolgeordnung aneinandergereiht sind. Die somit erklärte allgemeine Ähnlichkeit aller *Übergangsriten* macht ein Buch wie dieses überhaupt erst möglich. Mehr noch, auch in der Natur spielen sich Übergänge, rhythmische Veränderungen ab, die jenen des Lebenslaufs ähnlich sind. Das aber führt uns schon zu weit in die Frage, welche Arten von Ritualen denn überhaupt existieren, die ich erst später wieder aufgreifen möchte. An dieser Stelle will ich anhand von van Genneps Gedankengängen lediglich feststellen, daß die Rituale, die hier von Interesse sind, etwas mit Übergängen zu tun haben, die sowohl in der Natur als auch in der Biographie der Individuen aller Gesellschaften eine Rolle spielen.

Die zweite Sichtweise, jene von Malidoma Patrice

Somé, halte ich deshalb für erwähnenswert, weil sie das Ritual im Rahmen einer Gesellschaft zeigt, in der Zeremonien und Riten ein fester Bestandteil sind. Somé war in einem Dagara-Dorf in Burkina Faso von klein auf dazu ausersehen, die Traditionen, das Wissen und die Rituale seines Stammes zu bewahren und weiterzugeben. Das Zusammenrücken der Weltbevölkerung machte es für Somé erforderlich, nicht nur in die Tiefen seiner Stammestraditionen einzudringen, sondern durch ausgedehnte Studien an europäischen und amerikanischen Universitäten, auch das in der Wissenschaft übliche Forschungswerkzeug zu erwerben. Als Medizinmann und Psychologe vermittelt Somé nun zwischen der Welt des afrikanischem Dorflebens und der modernen Industriegesellschaft.

Von seinem Großvater zu dessen Nachfolger als Familienritualmeister bestimmt, wurde Malidoma Somé schon als Kind unterwiesen. Bei einer dieser «Schulstunden», so erinnert er sich in seinem Buch *Ritual – Power, Healing and Community*, fragte er: «Großvater, warum machen die Leute Rituale? Sie töten Hühner, Ziegen und alle möglichen anderen Tiere, und davon essen sie manches und anderes schmeißen sie weg, warum?» Der Großvater, in die Herstellung eines neuen Tabakbeutels vertieft, antwortete mit einer Gegenfrage: «Weißt du, warum du auf die Toilette gehen, warum du urinieren mußt?» «Natürlich weiß ich das. Weil ich es nicht unterdrücken kann.» «Nun, dann weißt du, warum wir Rituale machen.»

Stammeskulturen wie jene der westafrikanischen

Dagara, so erklärt Somé, wenden sich in der Regel der physischen Welt als letzte zu. Was in der sichtbaren Welt schief geht, sehen sie nur als die Spitze des Eisbergs. Um also einen Funktionsstörung beheben zu können, muß zunächst seine verborgene, seine symbolische Dimension lokalisiert werden. Erst dann kann die Korrektur auch in seiner sichtbaren Verlängerung erfolgen. Wahrnehmbare Fehler haben ihren Ursprung in der Welt des Geistes. Sich nur mit dem sichtbar Kranken zu befassen heißt, die Blätter eines Baumes zurückschneiden, wo man die Pflanze eigentlich mit den Wurzeln ausreißen möchte. Das Ritual ist der Mechanismus, der die Funktionsstörung an seiner Wurzel bloßlegt. Es bietet einen Weg, die Zweidrittel des Eisbergs, die sich unserem Blick entziehen, so zu behandeln, daß es auch den sichtbaren dritten Teil heilt. «Wir brauchen Rituale,» schreibt Somé, «weil unsere Seele Dinge mitteilt, die der Körper in Notwendigkeit, Bedürfnis oder Mangel übersetzt. Wir begeben uns also in das Ritual, um auf den Ruf der Seele zu antworten.» Das Ritual, insbesondere das Heilungsritual, hat die Aufgabe, die Seele wieder in den Körper einzubinden. Es spricht eine Sprache, die in der geistigen Welt als Bitte verstanden wird, um in ein bestimmtes Leben stabilisierend einzugreifen. Rituale bedeuten für Malidoma Somé nicht nur elegante Prozessionen oder Musik, die den Geist erhebt. Er meint, wir müßten wieder lernen, die Geister oder das Spirituelle an sich in unser Ritual zu rufen. Das verlange von uns, laut und allein zu beten, zu akzeptieren, daß wir alleine nicht die Lösung haben, sondern Hilfe brauchen. Alles, was ohne den Segen des Göttlichen geschaffen wird, ist krank. Das Ritual aber verbindet uns mit dem Göttlichen, und ein geistig gesundes Leben ist damit ohne Ritual unmöglich. Rituale, so schließt Somé seine Gedankenkette ab, sind notwendig, um die Wunden der Industrialisierung zu schließen – zumal in Afrika.

Wahrscheinlich haben Sie nach diesen langen Ausführungen zur Bedeutung des Wortes «Ritual» schon bemerkt, daß es nicht so einfach ist, für diesen Begriff eine allgemeingültige Definition zu finden. Zusammenfassend möchte ich also festlegen, daß in diesem Buch (und daß heißt, meine Definition ist nicht allgemeingültig) unter dem Begriff «Ritual» jene geplante, einer *festen Abfolgeordnung* unterworfene, *bewußt* zelebrierte Kette *magisch-religiöser, symbolischer Handlungen* verstanden wird, die *Veränderungen auf dem Lebensweg oder in der Natur*, genauer die *Schwellen* oder *Übergänge* von einer in sich abgeschlossenen Phase in die nächste, markiert und zu diesem Zweck eine *tiefe spirituelle Verbindung* zwischen Individuum, Gesellschaft und Gott, zwischen innerer und äußerer Welt, zwischen Körper und Seele herstellt. Damit bleiben sogenannte «Alltagsrituale», also gleichbleibende Handlungsabläufe, die sich mit der Zeit eingeschliffen haben, Catherine Herringers «unerkannte» beziehungsweise unbewußte Rituale wie auch jede «entfremdete Routinehandlung, zu deren Idealen und Werten keine innere Verbundenheit besteht», ausgespart. Die unverzichtbaren Eigenschaften für den, der von einem Ritual, das er zelebriert oder an dem er teilnimmt, profitieren will, sind Bewußtheit, Konzentration und der Glaube an eine übergeordnete göttliche Kraft. Das bedeutet jedoch nicht, daß ein Ritual keinen Spaß machen oder nicht fröhlich beziehungsweise spielerisch sein darf.

Wie ist ein Ritual aufgebaut?

In Übereinstimmung mit Arnold van Gennep erwähnte ich zuvor, daß Rituale eine bestimmte Abfolgeordnung aufweisen.

Wie ein Fluß ohne Ufer undenkbar ist, so hat auch ein Ritual einen bestimmten Aufbau nötig. Wenn ich ihn im folgenden ausführlich beschreibe, soll das nicht bedeuten, daß er deshalb das wichtigste Element eines Rituals ist. Die Uferböschungen eines Flusses sind ohne das Wasser, das zwischen ihnen fließt, vollkommen nutzlos. Gleiches gilt für das Ritual. Würde sein Rahmen überbetont, dann müßte der Handlungsfluß im Inneren stagnieren, und das Ritual würde nurmehr Altes tradieren und nicht mehr Neues schaffen. Letzteres aber, die Schaffung von neuen Symbolen, das Entdecken neuen Wissens, ist eine wichtige Charakteristik des lebendigen Rituals. Es muß seinen Rahmen transzendieren. Dies aber ist nur möglich, wenn man experimentiert und auch Rückschläge in Kauf nimmt. Eine Bewertung im Anschluß an jedes zelebrierte Ritual ist demnach empfehlenswert.

Nachdem Arnold van Gennep zahlreiche Rituale in

Aufbau und Struktur miteinander verglichen hatte, kam er zu dem Schluß, daß jedes von ihnen aus drei Teilen besteht: der Ablösungsphase, der Schwellenbeziehungsweise Umwandlungsphase und der Angliederungsphase. Dieses Schema, welches er Anfang des Jahrhunderts entwickelte, hat bis heute seine Gültigkeit behalten.

Wenn Sie sich noch einmal die Definition des Begriffes «Ritual», die ich für dieses Buch versucht habe, ins Gedächtnis rufen, dann werden Sie sich erinnern, daß darin von der Schaffung «einer tiefen spirituellen Verbindung zwischen Individuum, Gesellschaft und Gott» die Rede war. Mit diesem Wissen wird es Ihnen leichterfallen zu verstehen, warum in diesem Dreiphasenmodell *Ablösung, Umwandlung* und *Angliederung* eine Rolle spielt.

In einer traditionsgebundenen Gesellschaft ist es beispielsweise im Zusammenhang mit einer Hochzeitszeremonie erforderlich, daß sich die Heiratswilligen von den beiden in sich geschlossenen Gruppen der unverheirateten jungen Frauen und der unverheirateten jungen Männer *ablösen*, eine rituelle *Umwandlung* erfahren und erst dann gemeinsam der in sich geschlossenen Gruppe der verheirateten Paare *angegliedert* werden können.

Oberflächlich gesehen scheint dieser komplizierte soziale Vorgang in der modernen Industriegesellschaft nicht mehr stattzufinden. Genauer betrachtet aber werden Sie feststellen, daß Sie zwischenmenschliche Kontakte immer zu den Menschen pflegen, deren Gruppe Sie gerade zugehörig sind.

Beispielsweise suchen Mütter verstärkt Anschluß an andere Mütter, Berufstätige tauschen sich vor allem untereinander aus, und alte Menschen befinden sich häufig in der Gesellschaft anderer alter Männer und Frauen. Das ist vollkommen natürlich, denn in jeder sozialen Gruppe findet eine Konzentration auf bestimmte Interessenbereiche statt. So wollen Mütter untereinander über Kinder reden, Arbeitnehmer über das Geldverdienen und die damit verbundenen Schwierigkeiten, und alte Menschen schließlich über die spezifischen Probleme des Altwerdens. Jede soziale Gruppe enthält das Potential zu einer ganz bestimmten Art von Erfahrungen, die man eben am besten mit denen besprechen kann, die sie selbst machen oder gemacht haben. Die Existenz solcher sozialen Gruppen auch in unserer Gesellschaft steht also nicht in Zweifel. Lediglich die Grenzen zwischen ihnen sind möglicherweise nicht mehr so ausgeprägt wie in traditionsgebundenen Kulturen, und uns sind anders als ihnen die Rituale zur Feier der Übergänge abhanden gekommen.

Die Ablösungsphase
Sie also leitet das Ritual ein. Ihre ganz spezifische Aufgabe ist es daher, das Profane vom Sakralen abzugrenzen und einen Raum zu schaffen, der außerhalb jener Zeit liegt, in der säkulare Abläufe oder Routinen gemessen oder definiert werden. Es ist also nicht ausreichend, als Einleitung zu einem Ritual einen geweihten Ort lediglich zu betreten, es muß vielmehr eigens ein kultureller Bereich geschaffen werden, der

den weltlichen Raum und die weltliche Zeit ganz eindeutig von dem heiligen Raum und der heiligen Zeit scheidet.

Dies geschieht zum einen durch den Ort selbst – worauf ich später noch zurückkommen werde – und durch eine Reihe von symbolhaften Handlungen, die profane Dinge, Beziehungen und Prozesse umkehren und eine Ablösung des Kandidaten von seinem früheren sozialen Status zum Ausdruck bringen.

Solche symbolhaften Handlungen im Zusammenhang mit der Heirat können zum Beispiel sein: die Entführung der Braut, der Wechsel der Kleider, das Zerschneiden, Zerbrechen oder Wegwerfen einer Sache, die mit der Kindheit oder der Adoleszenz verbunden war, das Auflösen der Frisur, das Entfernen eines bestimmten Schmuckstücks, das Aufbinden eines Gürtels oder die vorübergehende Änderung der Eßgewohnheiten. In manchen Kulturen werden Kindheitsgefährten einbezogen: Sie erhalten nun ausgediente Spielsachen oder Kleidungstücke zum Geschenk, man schlägt und beleidigt sie oder wird von ihnen geschlagen und beleidigt. Körperreinigungen aller Art wie Fußwaschungen oder Bäder, das Tragen eines Schleiers oder das Getragenwerden in einer geschlossenen Sänfte mögen ebenfalls eine Rolle spielen.

Die Umwandlungsphase

Sie stellt im allgemeinen den entscheidenden Abschnitt des Rituals dar. Der Kandidat durchläuft eine Art soziales Zwischenstadium, in dem er zu einer undifferenzierten, undefinierten Figur wird. Er gilt zugleich als sakral wie auch als unrein, er ist namen- und geschlechtslos, hat weder Status noch Rang noch Eigentum. In Stammeskulturen wird das Ritualsubjekt daher hinter Masken, Kostümen oder einer Körperbemalung verborgen und oft an einem geheimen, heiligen Ort isoliert. Im Fall von Adoleszenzinitiationen verbringen Knaben und Mädchen in Afrika, Australien und Melanesien manchmal mehrere Jahre im Busch, abgetrennt von den normalen sozialen Interaktionen im Dorf und in der Familie. Die negativen Aspekte dieses Schwellenzustandes werden mit Symbolen des Todes, des Verwesens und der Auflösung, die positiven dagegen in Anlehnung zu Schwangerschaft, Geburt und Wachstum rituell in Szene gesetzt. Manche Rituale dramatisieren die Umwandlungsphase auch, indem sie die mit ihr stattfindende Umkehrung der gewöhnlichen Realität in Bildern darstellen, die Ambiguität oder das Paradoxe zum Ausdruck bringen. Das erklärt, warum der Kandidat im Mittelteil des Rituals häufig als unsichtbares oder schwarzes Zwischenwesen oder als Grenzgänger auftritt.

Victor Turner (1920–1983), ein Sozialanthropologe, der sich gegen Ende seines Lebens immer stärker vom Zusammenhang zwischen Ritual, Theater und Spiel fasziniert zeigte, formulierte die van Gennep'sche Umwandlungsphase in seinem 1967 erschienen Buch *The Forest of Symbols* neu und entwickelte sie über das ursprüngliche Konzept hinaus weiter. Obwohl das folgende nicht in direktem Zusammenhang mit dem Thema des Buches steht, so meine ich doch, daß es sich dabei um einen interessanten Denkanstoß handelt, den ich Ihnen nicht vorenthalten will. Sie haben ja bereits gesehen, in welch engem Zusammenhang das Ritual mit dem sozialen Aspekt einer Gesellschaft steht. Da ist es nur naheliegend, von einem einzelnen Ritualkandidaten auf einen ganze Gesellschaft zu schließen und politisch-historische Umbruchszeiten mit der Umwandlungsphase des Rituals zu vergleichen. Denn wie im zweiten Abschnitt des Übergangsrituals so hat auch in Zeiten des gesellschaftlichen Umbruchs, wie Turner das ausdrückt, «die Vergangenheit ihre Macht verloren, die Zukunft aber noch keine definitive Form angenommen».

Andererseits gibt es in jeder Gesellschaft einzelne Personen, die eine auffallende Ähnlichkeit mit Ritualkandidaten während der Schwellenphase haben. Künstler, Clowns, Schamanen, Propheten und Heilige führen durch ihre teilweise Isolation und Distanz zu ihrer Umwelt eine Art permanentes Zwischenstadium, gehören weder so recht auf die eine noch auf die andere Seite. Turner zufolge entwickeln sie durch ihr lebenslanges Grenzgängertum eine Bewußtseinshaltung, die interpretativ, reflexiv und kritisch ist. «Sie sehen die traditionelle Ordnung aus einer anderen Perspektive, was sie zu Agenten der Innovation und Veränderung disponiert, sie aber auch in die Marginalität treiben kann.»

Die Angliederungsphase

Dieser dritte Ritualabschnitt schließlich beendet das Ritual, indem der Kandidat zu seinem neuen sozialen Status beglückwünscht wird. Er kehrt in die Gesellschaft zurück und wird dort in eine neue Gruppe, in eine relativ stabile und genau definierte Position integriert. So, wie zuvor die Zeit gleichsam angehalten wurde, werden nun Vorbereitungen getroffen, in den Alltag, in den profanen Raum und in die profane Zeit zurückzukehren. Dies geschieht häufig durch das Austauschen von Geschenken, durch die Teilnahme an kollektiven, rituellen Tänzen und Speisungen, durch eine Neueinkleidung mit einer bestimmten Tracht oder auch mit der Verleihung eines neuen Namens. Der Kandidat ist nicht mehr derselbe wie zuvor, da ist es angebracht, daß alles an ihm «neu» sein soll.

Übertragen auf die Hochzeitszeremonie mögen in der Abschlußphase des Rituals die folgenden symbolischen Elemente eine Rolle spielen: Das Austauschen von Armbändern, Ringen oder generell von Schmuck- und Kleidungsstücken, das Zusammenbinden des Paares oder ihrer Bekleidung mit Hilfe einer besonderen Schnur, das gemeinsame Essen von ein und derselben Speise, von ein und demselben Teller, das Trinken von derselben Flüssigkeit aus demselben Gefäß, das gemeinsame Sitzen auf einem Stuhl, das gegenseitige Einreiben, Massieren oder Salben mit Blut, Ton oder einem anderen Material, und schließlich das gemeinsame Betreten des neuen Hauses, welches rein örtlich den veränderten Status des Paares und das Überschreiten der Schwelle kennzeichnet.

Nun kennen Sie also das grundlegende Aufbauschema des Rituals. Sie wissen, daß am Anfang jeden Rituals die rechte Zeit und der rechte Ort stehen muß, und daß durch bestimmte Zeremonien das Zurücklassen einer abgeschlossenen Lebensphase, die Herstellung der menschlichen Tabula rasa oder prima materia in der Übergangsphase und schließlich der Eintritt in eine neue, noch unbekannte Lebensphase eingeleitet wird. Ein solches Ritual mag in direktem Zusammenhang mit dem sozialen Umfeld eines Ritualkandidaten stehen. Manchmal ist eine der drei Phasen verkürzt oder mit einer anderen zusammengezogen, doch bei tieferer Analyse läßt sich fast immer die hier beschriebene Dreiteilung des Rituals nachweisen.

Mit dieser Abfolgeordnung haben Sie eine Ausgangsbasis, um selbst eigene Rituale zu schaffen. Was kann man mit einem Ritual bezwecken oder erreichen und zu welchen Feiern und Anlässen eignet es sich am besten?

Welche Funktion hat das Ritual?

Soziale Angliederung
Das Ritual ist eine soziale Notwendigkeit. Es dient, so versichert Emile Durkheim in seinem Hauptwerk *Die elementaren Formen des religiösen Lebens*, «der

Erneuerung und Veranschaulichung von sozialer Solidarität». Denn «jede Gesellschaft fühlt das Bedürfnis, die gemeinschaftlichen Gefühle und Gedanken, die ihre Einheit und ihren Charakter ausmachen, in regelmäßigen Abständen zu erneuern und zu bekräftigen. Eine solche moralische Erneuerung kann nur in Treffen und Versammlungen vor sich gehen, wenn die einzelnen sich einander nahe fühlen und ihre gemeinschaftlichen Gefühle bejahen und bekräftigen.»

Durkheim und seine Anhänger vertraten damit die These von der Existenz nur einer einzigen Funktion magisch-religiöser Rituale: Die Förderung von Gruppensolidarität und die damit einhergehende Bekräftigung von Autoritätsstrukturen innerhalb von Gruppen.

Die oben zitierte Aussage stammt aus dem Jahr 1912, und man muß wohl davon ausgehen, daß die Bedeutung des Rituals in seiner sozial-integrativen Funktion zu dieser Zeit nicht nur für die Kolonien, sondern auch für Europa und Amerika hoch bewertet wurde. Heute scheint die «Veranschaulichung von sozialer Solidarität» durch das Ritual kaum noch ein Bedürfnis unserer Gesellschaft zu sein. Liegt die Ursache hierfür vielleicht darin, daß wir gemeinschaftliche Gefühle und Gedanken unserer Individualität, um nicht zu sagen unserem Egoismus zum Opfer gebracht haben?

Neben der sozial-integrativen sind noch mindestens drei weitere Funktionen des Rituals zu nennen: Krisenbewältigung, soziale Umstrukturierung und Spiel/Unterhaltung.

Krisenbewältigung

Es gibt Situationen, die so auswegslos erscheinen, daß man sich, egal ob gläubig oder nicht, an eine höhere Macht um Hilfe wendet. Eine rein rationale Notbewältigung erscheint dann entweder nur eingeschränkt möglich oder ganz und gar unmöglich. Im Sinne des Spruches «Not lehrt beten» wird die rationale Bewältigung der Krise aufgegeben und durch eine rituelle Handlung ergänzt oder ersetzt.

Rituale mit einer solchen Funktion haben das Ziel, die Angst dessen, der sie ausübt oder für den sie ausgeübt werden, zu reduzieren und ihn emotional zu stabilisieren. Auf diese Weise werden durch eine nichtrationale Technik Passivität oder blinde Ausbrüche durch sozial geregelte und vorhersehbare Handlungen ersetzt. Das Ritual bietet durch seinen Aufbau dem Krisengeschüttelten eine Struktur, an der er sich festhalten und wieder zu sich finden kann. Krisen, die solch einer rituellen Gegenkraft bedürfen, sind vor allem der Tod eines Angehörigen und Krankheit, aber auch Trennung und jede andere Form von Verlust.

Die hochentwickelte Medizin, Technik und Wirtschaft unserer Gesellschaft scheint vor allem das kollektive Krisenritual nahezu überflüssig gemacht zu haben. Andererseits hat die Unüberschaubarkeit komplexer Systeme wie Wirtschaft, Politik oder Verkehr das Bedürfnis nach individuellen Ritualen zur Krisenbewältigung wieder gefördert.

Soziale Umstrukturierung

Hier stoßen wir auf eine große Gruppe von Ritualen, der wir bereits begegnet sind: den Übergangsriten. Die Geburt eines Kindes, der Schulanfang, der Übergang in die Gruppe der Erwachsenen, die erste Liebe, der Eintritt in die Ehe, aber auch die Trennung von einem Gestorbenen oder die Wiederaufnahme des Kontaktes zu zeitweise aus der Gemeinschaft Ausgeschlossenen verlangt die Neuanpassung der inneren Einstellung, der Gefühle, Vorstellungen und Bereitschaften und erfordert das Spielen einer neuen sozialen Rolle. Bisher sorgten in unserer Gesellschaft vor allem die christlichen Kirchen mit Taufe, Erstkommunion, Konfirmation, Trauung, Beerdigung und so fort für entsprechende Zeremonien.

Im Gegensatz zu Krisenritualen enthalten umstrukturierende Riten ein ausgesprochen schöpferisches Element, denn sie betonen in besonderem Maße den Mittelteil beziehungsweise die Umwandlungsphase, der das kreative Zentrum eines jeden Rituals ist. Riten der Umstrukturierung weisen dem einzelnen durch Definition und Umdefinition seine soziale Position zu und ordnen so die Gesellschaft.

Spiel/Unterhaltung

Die Gruppe von Ritualen, die diesem Zweck dient, wird nach Durkheims klassischer funktionalistischer Betrachtungsweise als funktionsarm oder sogar funktionslos interpretiert. Doch sie spielten in einer Zeit, in der die Medien noch nicht allgegenwärtig waren, eine sehr bedeutungsvolle Rolle. Vor allem in der

Antike waren Mysterienspiele, Kulte wie jene, die periodisch wiederkehrend in Eleusis abgehalten wurde, oder Wettkampfspiele wie in Olympia ein entscheidender kultureller Faktor. Sie alle enthielten Elemente, in denen bestimmte Episoden aus der Götterwelt in Form eines Rituals szenisch dargestellt wurden und legten damit das Fundament, auf dem das Theater, die Tragödie und Komödie des Sophokles und Euripides, entstehen konnte.

Alle Rituale können ornamentale, zweckfreie Spielelemente enthalten, aber bei jenen, deren Funktion sich auf die Unterhaltung beschränkt, dominiert der Spielcharakter. Solche Riten entwickeln eine Eigendynamik, lösen sich von den konkreten Anlässen und werden zum Selbstzweck. Rituale mit Spielcharakter sind langwieriger und komplexer als andere, können nicht von jedermann verstanden und durchgeführt werden und verlangen häufig nicht nur nach besonderen Plätzen und/oder Gebäuden, sondern auch nach einem umfangreichen, spezialisierten Wissen. Die Handlung wird von vielen qualifizierten Personen mit genau festgelegten Rollen und Kompetenzen durchgeführt, während alle anderen Beteiligten zu passiven Zuschauern werden.

Als Beispiel mögen hier die Krönungsfeierlichkeiten für Elisabeth II. von England dienen. Obwohl dieses Ritual in seinem Kern natürlich die Funktion hat, eine soziale Umstrukturierung einzuleiten, so ist der spielerische Charakter doch sehr stark in den Vordergrund getreten. Eine einzige Person, für die das Ritual ausgeübt wurde, stand im Zentrum, umgeben von einer Vielzahl hochspezialisierter politischer, religiöser und sicherheitstechnischer Funktionsträger und von einer Heerschar an Hilfskräften, deren Handlungen von einigen Menschen direkt, von Tausenden jedoch passiv auf den Bildschirmen verfolgt wurde.

In Stammeskulturen wird Gruppensolidarität auch heute noch vorrangig durch magisch-religiöse Rituale hergestellt. In der Industriegesellschaft können die hier geschilderten Funktionen auch von anderen als religiösen Institutionen erfüllt werden. So dienen etwa Staatsfeiern zur Stärkung des Gemeinschaftsgefühls, Ziviltrauung und Jugendweihe markieren soziale Umstrukturierungen und Sportveranstaltungen sorgen für Unterhaltung. Bei all diesen Ereignissen handelt es sich jedoch nach meinem Verständnis nicht um Rituale, denn sie entberen des entscheidenden religiösen Kerns.

Was bewirkt ein Ritual?

Was kann der einzelne, der Rituale zelebriert, damit für sich erreichen?

Der Mensch gleicht einem Gefäß mit doppeltem Boden: obenauf lagert das klare, erfaßbare, rationale Bewußtsein, aber darunter verbirgt sich das dunkle, nur kaum erfaßbare Unbewußte. Mit ersterem versuchen wir, letzteres zu leugnen. Nur weil es sich im Dunkeln verbirgt, heißt das aber nicht, daß es nicht existiert.

Für den rational, wissenschaftlich denkenden und von der Technik faszinierten Menschen ist das Unbewußte ein Ärgernis. Es ist unberechenbar. Es steht der Entwicklung scheinbar wie ein Bremsklotz entgegen; es verlangt Aufmerksamkeit, die der vorwärtsstrebende Geist lieber in seinem Ringen um den Fortschritt einsetzen will. Aber selbst ein rationaler, von Technik faszinierter Mensch wünscht sich und braucht Kreativität. Die aber steht in Beziehung zum Unbewußten.

Das unersättliche Unbewußte verschlingt eine Menge an Informationen. Manches geht in diesem Labyrinth auf immer verloren, anderes kommt Jahre später vielleicht wieder zum Vorschein. Im allgemeinen tauchen gerade diejenigen Erfahrungen und Gefühle aus dem Unbewußten in unserem Bewußtsein auf, denen wir am allerwenigsten wieder begegnen möchten. Wir scheinen recht wenig Kontrolle darüber zu haben, was in unser Unbewußtes hinein- und was hinausgelangt.

Mit beidem beschäftigt sich die Menschheit, bewußt oder unbewußt, seit Jahrtausenden. Sigmund Freud (1856–1939) und Carl Gustav Jung (1875–1961) verdanken wir die Erkenntnis, daß unser Unbewußtes in unseren Träumen zu uns spricht. Den sogenannten Naturvölkern werden wir es vielleicht einmal danken, daß sie uns wieder ins Gedächtnis gerufen haben, wie wir durch Rituale zu unserem Unbewußten sprechen können.

Natürlich ist diese Kommunikation mit dem Unbewußten nicht so einfach wie ein Gespräch über den Gartenzaun mit meinem Nachbarn (obwohl auch das mitunter nicht ohne Mißverständnisse abläuft). Denn die Sprache des Unbewußten sind Bilder und Symbole. So wollen Träume richtig gedeutet werden, um die Botschaften des Unbewußten bis in unser Bewußtsein aufsteigen zu lassen. Und unsere Botschaften an das Unbewußte müssen in die richtigen Bilder und Symbole übersetzt werden, damit es verstehen kann, was wir ihm mitteilen wollen.

Affirmationen und Visualisationen sind ein heute populäres Mittel, um die Verbindung mit dem Unbewußten aufzunehmen. Doch wirken Rituale, die selbstverständlich und natürlich mit Bildern und Symbolen visualisieren und affirmieren, sehr viel stärker, da in ihnen alles *durch Handlung untermauert* und zum Leben erweckt wird. Das Ritual bietet jedem, der es ausführt, die Gelegenheit, sich *aktiv* am Prozeß der Manifestation und Schöpfung zu beteiligen.

Rituale helfen uns, das Abenteuer Leben zu erinnern und zu vergessen, es anzunehmen und loszulassen, in seinem Namen zu geben und zu vergeben, es zu schätzen und zu feiern. Sie lassen das Kind und den Erwachsenen, den Vater und die Mutter, den Angestellten und den Chef in uns zu Wort kommen. Sie sind ein Ausdrucksmittel, das Körper, Geist, Seele und Gefühl gleichberechtigt nebeneinander kreativ handeln läßt. Rituale sind eine lebendige und lebensfähige Form der Kommunikation, die großen Gewinn verspricht.

Was für Rituale gibt es?

Mit der Frage nach der Wirkung von Ritualen habe ich indirekt auch schon angeschnitten, welches die Anlässe für ein Ritual sein können. Hier möchte ich mich diesem Thema noch einmal vollständiger zuwenden und im Anschluß daran auch erläutern, welche Rituale Sie mit diesem Buch selbst neu erschaffen können.

Es gibt verschiedene Möglichkeiten, Rituale zu klassifizieren. Man könnte sie unterteilen in zweckgebundene und in zeitgebundene Rituale, die in direktem Zusammenhang mit dem Lebensweg stehen oder die an den Jahreslauf gebunden sind. In einer Verknüpfung dieser beiden Möglichkeiten sehe ich die folgende Unterteilung als sinnvoll an: kalendarische, lebenslauforientierte und sachgebundene Rituale.

Sachgebundenen Rituale

Zu ihnen gehören unter anderem solche, die der Reinigung oder der Heilung dienen.

Der *Reinigung* werden wir im Laufe des Buches noch häufiger begegnen, weil sie eine ideale Einstimmung auf nahezu alle Rituale und im allgemeinen ein Bestandteil der Ablösungsphase ist. Sie befreit den Ritualausübenden von allem Ballast der Vergangenheit, damit er seinen neuen Lebensabschnitt in aller Offenheit beginnen kann und in seinem Inneren überhaupt Platz hat, um neue Erfahrungen aufzunehmen. Oder aber sie gestattet es ihm im Zusammenhang mit beispielsweise einem kalendarischen Ritus, seinem Gott «rein» gegenüberzutreten. Eine Reinigungszeremonie fördert das Heraustreten aus dem Alltag und das Hineintreten in den Ritualraum. Damit trägt sie ganz wesentlich zur Steigerung der Konzentration und zur Herstellung einer Stimmung bei, die das Gelingen des Rituals förderlich unterstützt. Dabei kann sie denkbar einfach sein. Wasser, Räucherwerk und unter bestimmten Voraussetzungen Feuer sind in allen Kulturen zu diesem Zweck eingesetzt worden. Ein heißes Bad, ein paar Stunden in der Sauna oder eine Fußwaschung zu zweit erfordert kaum irgendwelche Vorbereitungen und erzielt dennoch die gewünschte Wirkung.

Heilungsrituale sowohl für körperliche wie seelische Wunden kann ich, da sie zu komplex sind und ein zu großes Spezialwissen erfordern, in diesem Buch nur am Rande behandeln; sie bieten genug Stoff für einen eigenen Band. Schamanen aller Kulturen, in deren Repertoir die Heilung einen zentralen Bereich umfaßt, unterziehen sich einer oft zwanzig Jahre und länger dauernden Ausbildung, und es ist schlechterdings unmöglich, dieses Wissen und schon gar nicht die erforderliche Intuition und notwendige innere Einstellung mit Hilfe eines Buches zu vermitteln. Das gilt ganz besonders für die Behandlung von körperlichen Krankheiten.

Zur Heilung seelischer Wunden möchte ich zumindest ein Beispiel geben, das eine gute Wirkung zeigen kann. Es bietet sich besonders dann an, wenn ein Problem, das einem das Leben zu vergiften scheint, abschließend behandelt werden soll; es ersetzt aber auf keinen Fall die Arbeit mit einem Therapeuten.

Sie haben also ein quälendes Problem, das sich, vielleicht aus der Vergangenheit in ihrem Bewußtsein auftauchend, immer wieder in Ihren Tagesablauf schleicht und Ihre Lebensfreude und Leistungsfähigkeit beeinträchtigt. Der erste Schritt besteht darin, daß Sie die Existenz des Problems annehmen. Versuchen Sie nicht länger, es zu verdrängen, sondern geben Sie ihm Raum. Allerdings nicht in dem Umfeld, in dem sich der größte Teil Ihres Tages abspielt. Verbannen Sie Ihr Problem symbolisch aus Ihrer Zeit und aus Ihrem Haus, indem Sie sich jeden Tag eine Stunde dafür nehmen und sich an einem anderen Ort, zum Beispiel in einem wenig frequentierten Café, schriftlich damit auseinandersetzen. Lesen Sie sich am nächsten Tag zunächst das durch, was Sie am Tag zuvor niedergeschrieben haben. Schneiden Sie mit einer Schere die Textstellen heraus, die Ihre guten Eigenschaften im Zusammenhang mit Ihrem Problem beschreiben, wie beispielsweise Mut, Ausdauer und Stärke, und legen Sie sie in ein «Schatzkästlein», das Sie an einem besonderen Ort aufbewahren. Was übrigbleibt, die Beschreibung Ihres Problems, Ihrer Trauer und Ihres Schmerzes, tragen Sie an eine Stelle, wo Sie es verbrennen. Wiederholen Sie den Vorgang so lange, bis Sie zu einem Gefühl der Erleichterung und des Abschlusses gelangen. Geben Sie nicht nach, wenn Sie an einem Tag einmal «keine Lust» haben.

Dieses über einige Zeit ausgeführte kleine Ritual

dient im Grunde genommen ebenfalls der Reinigung, wie dies überhaupt bei sehr vielen Heilungsritualen der Fall ist. Das Kranke wird aus dem Körper, aus der Seele hinausgespült.

Es gibt noch viele weitere Möglichkeiten für sachgebundene Rituale. Die *Visionssuche* zum Beispiel ist eine bei vielen nordamerikanischen Indianerstämmen praktizierte Zeremonie. Hexenkonvente kennen Riten zur *Beschwörung* von Liebe, Rache, Erfolg und vielem mehr. Manche Kulturen bieten Rituale für den Ablauf eines *sexuellen Beisammenseins* an, andere für die *Blutsbruderschaft* oder den *Wohnsitzwechsel*. Im Bereich des sachgebundenen Rituals wurde am kreativsten an modernen Neuschöpfungen gearbeitet.

Handlungen, die Ihnen alltäglich scheinen, können Sie zu einem Ritual umgestalten und ihnen so mehr Tiefe und Kraft geben. Es steht Ihnen frei, für Freunde, die Sie zu einem gemeinsamen Mahl eingeladen haben, in aller Eile ein paar Nahrungsmittel in einen Topf zu werfen. Oder aber Sie widmen sich bewußt jeder einzelnen Stufe der Zubereitung und konzentrieren sich ganz und gar auf die manuelle Tätigkeit. Mit dieser Herangehensweise haben Sie zwar noch kein Ritual geschaffen, aber Sie *zelebrieren* nun die Zubereitung der Mahlzeit in dem Bewußtsein, daß es keine Selbstverständlichkeit ist, Nahrungsmittel zu besitzen, zu ihrer Verarbeitung in der Lage zu sein und Freunde erwarten zu dürfen.

In einem Ritual ist eine normale Handlung eben keine normale Handlung mehr, sondern eine jede wird so *zelebriert*, als öffne man eine Flasche Wein, die man schon lange für einen ganz besonderen Anlaß aufgehoben hat. Und ein Ritual bedeutet auch immer eine freiwillige Darbringung des Ich, das freiwillige Opfer eines Stückchens Selbst.

Lebenslauforientierte Rituale
Einigen von ihnen sind wir im Zusammenhang mit Übergangsriten bereits begegnet. In der Ethnologie werden sie auch «Riten der Lebenskrisen» genannt, ein Begriff, den ich nicht mag, weil das Wort «Krise» negativ klingt. Gemeint ist damit jedoch ein Wendepunkt im Leben – ein Übergang –, den alle Menschen gemeinsam haben. Eine in sich abgeschlossene Lebensphase wird beendet und eine neue beginnt.

Unsere Gesellschaft, und auch die moderne Entwicklungspsychologie, gliedert das Leben des Menschen in drei Phasen: die Kindheit, die Zeit des Erwachsenseins und das Alter. Eingerahmt wird es von dem, worauf alle Rituale weltweit und von Anbeginn der Zeit gründen: Geburt und Tod, dem Mysterium von Fruchtbarkeit, Wachstum und Sterben.

Somit ist der erste Wendepunkt im Leben eines Menschen seine *Geburt*, die auch für die Eltern und andere nahe Verwandte eine wichtige Zäsur sein kann. Der Mensch, der geboren wird, erlebt die Feier seiner Geburt natürlich nicht bewußt mit, aber in seinem Unbewußten spürt er sehr wohl, ob er willkommen ist oder nicht.

Bei den meisten Völkern hat es sich darüber hinaus eingebürgert, jedes Jahr am *Geburtstag* der Geburt zu gedenken. Dabei gibt es unterschiedliche

Auffassungen, wer an diesem Tag gefeiert werden soll: der Geborene selbst, um ihn jedes Jahr aufs neue daran zu erinnern, wie willkommen und wichtig er für die Gemeinschaft ist, die Mutter, der er seine Geburt und Pflege, vor allem in den ersten Jahren, verdankt, oder das Göttliche, dem alles Leben auf unserem Planeten und darüber hinaus zu danken ist. Ich habe wertvolle Erfahrungen damit gemacht, meinen Geburtstag auch einmal, wie ich es nicht gewohnt bin, im Sinne der zweiten und dritten Auffassung zu begehen. Hier eröffnen sich viele Möglichkeiten zur Schaffung eigener Rituale.

Der nächste gravierende Einschnitt ist die *Geschlechtsreife*, der Übergang in das Erwachsenenalter. In Mitteleuropa ist von den Pubertäts- oder Initiationsritualen, die zu diesem Anlaß in traditionsorientierten Kulturen gefeiert werden, nur die Konfirmation oder die Jugendweihe übriggeblieben. Einem Vierzehnjährigen billigen wir zwar die Religionsmündigkeit zu, sexueller Kontakt inklusive Beischlaf ist ihm jedoch erst ab sechzehn erlaubt. Die politische Mündigkeit, und die wird bei uns am ehesten mit dem Erwachsensein gleichgesetzt, wird ebenso willkürlich am Ende des siebzehnten Lebensjahres festgelegt.

Ich bin in meinem Buch *Die Welt der Rituale* bereits ausführlicher auf das Thema «Initiation» eingegangen und möchte es hier deshalb nicht noch einmal vertiefen. Es sei nur so viel dazu gesagt, daß für alle Stammeskulturen die Initiation in das Erwachsenenalter fast immer das wichtigste Ritual ist, vor allem für die männlichen Stammesmitglieder, deren sexuelle Reife nicht so deutlich gekennzeichnet ist wie die weibliche. Die Begründung für diesen Umstand mag man darauf reduzieren, daß Fruchtbarkeit und Fortpflanzung dort weniger kontrolliert werden als bei uns, und deshalb größere Verehrung erfahren. Aber davon einmal abgesehen meine ich, daß unsere Gesellschaft mit dem Verzicht auf das Initiationsritual einen wesentlichen Baustein des Lebensweges verliert. Wer nie richtig in die Verantwortung als Erwachsener genommen wird, und dazu gehören nun einmal auch die Verantwortung für die eigene Fortpflanzung und Spiritualität, der kann sich auch nicht wie ein Erwachsener verhalten.

Zur Initiation bei Stammeskulturen gehört sehr häufig auch der Beginn des «Berufslebens». Junge Männer werden nicht nur in den Status des Erwachsenen, sondern auch in den des Kriegers initiiert. Sie sind nun zuständig für den Schutz des Stammes oder der Sippe und für die Fleischbeschaffung durch die Jagd. Bei den Mädchen fallen die Pubertätsriten häufig mit der Heirat zusammen. Ihr neuer «Berufsstand» beginnt mit der Geburt des ersten Kindes, durch welche die Ehe erst als vollzogen gilt und der Frau das Recht gibt, einen eigenen Haushalt zu führen.

Bei manchen traditionsorientierten Kulturen gibt es eine Art *Vorinitiation* im Alter von etwa sieben Jahren oder etwas später. Häufig geht sie einher mit der Trennung von der Mutter und einer Eingliederung in eine Knaben- beziehungsweise Mädchengemeinschaft. Die unbeschwerte Kindheit macht nun dem

Beginn einer Ausbildung platz, zu der auch das Übernehmen von genau festgelegten Aufgaben gehört. Die Einschulung in unserer Gesellschaft ist diesem Vorgang etwa gleichzusetzen.

Der Eingliederung in die Erwachsenenwelt folgt die *Heirat* oder das Eingehen einer eheähnlichen festen Beziehung zu einem gegengeschlechtlichen oder gleichgeschlechtlichen Partner. Während die Eheschließung heute ein Ritual ist, in dem vor allem gefeiert werden soll, so war sie früher primär eine ökonomische Angelegenheit. Bekanntlich spielten Gefühle eine eher untergeordnete Rolle. Auch der Aspekt, daß in der Trauung nicht nur zwei Menschen, sondern zwei Familien miteinander verbunden werden, steht heute nicht mehr im Vordergrund, und die Hochzeitsfeier als Gelegenheit, das durch die Verbindung gestörte soziale Beziehungsgeflecht wieder in Ordnung zu bringen, ist in Vergessenheit geraten.

Obwohl die modernen gesellschaftlichen Gegebenheiten dies verlangen würden, ist mir kein religiöses System bekannt, das ein substantielles Ritual für die *Scheidung* entwickelt hat. In der römisch-katholischen Kirche gibt es nur die Annullierung, der lediglich Ermittlungen ohne magisch-religiösen Charakter vorausgehen. Die Juden hingegen haben ein so kompliziertes Scheidungsverfahren entwickelt, daß es für viele Scheidungswillige ein Hindernis darstellt. Bei den Habbe des Nigerplateaus muß derjenige, der die Ehe verläßt, zunächst seine Verbindung zu den Familiengottheiten durch ein Opfer lösen. Auf Java schneidet der Priester die Eheschnur durch. Im

Islam vollzieht der scheidungswillige Mann die Trennung mit Hilfe eines verbalen Ritus' selbst. Will aber die Frau die Scheidung, dann muß sie das Urteil des Kadi einholen, dessen Funktion und Rechtsprechung grundsätzlich religiöser Natur sind.

Das Fehlen eines Scheidungsrituals legt die Vermutung nahe, daß Rituale zwar beliebig oft wiederholt, aber nicht rückgängig gemacht werden können. Da in unserer Gesellschaft Trennungen aber nun einmal zum festen Bestandteil eines möglichen sozialen Verhaltens gehören, wäre eine entsprechende Zeremonie, welche die Ablösung unterstützt und den Schmerz wie die Trauer kanalisiert, durchaus wünschenswert.

Im Grunde genommen hat die Scheidung große Ähnlichkeit mit dem letzten großen lebenslauforientierten Ritual: der *Totenfeier*. Auch hier ist das vorherrschende Thema die Trennung des Zurückgebliebenen von einem Menschen, der ein Stück Lebensweg mit ihm gemeinsam gegangen ist, und die Frage danach, wie er die Gefühle des Verlusts bewältigen kann. Der Schmerz des Zurückgebliebenen ist immer auch ein wenig der egoistische Schmerz des Verlassenen oder Abgewiesenen. Es fällt ihm immer schwer, in Betracht zu ziehen, daß dem Toten im Tod und dem Geschiedenen in einer neuen Bindung vielleicht ein besseres Schicksal widerfahren sein könnte. Ein Ritual erleichtert in dieser Situation eine solche Sicht und eine klare Plattform für wirkliche Trauer.

Obwohl das Ende der Fruchtbarkeit, sei sie bezogen auf die Fortpflanzung oder auf die berufliche

Kreativität, für jeden Menschen einen tiefen Einschnitt bedeutet, so gibt es doch weder ein offizielles Ritual für die *Menopause*, noch für das *Ende des Berufslebens*. Auch diese Zeremonien des Abschieds lehnen sich natürlich an jene des Todes an.

Kalendarische Riten
Rituale, die dem Jahreslauf, dem Kalender, folgen und periodisch wiederkehren, führen den Menschen in eine *heilige*, mythische Urzeit zurück, die «am Anfang» war, bevor die Götter die Realität schufen. Mehr noch als bei anderen Zeremonien spielt deshalb bei kalendarischen Riten das Heraustreten aus der gewöhnlichen Zeitdauer eine wichtige Rolle.

Bei allen Völkern sind mit dem Jahreslauf Mythologien der Weltentstehung verbunden. Der *Jahreswechsel* wiederholt im Kleinen die Erschaffung des Kosmos durch das Göttliche: Mit jedem neuen Jahr gewinnt die Welt ihre ursprüngliche Heiligkeit zurück, die sie zum Zeitpunkt ihrer Entstehung besaß. Mit jedem Neujahr entsteht eine neue, reine, heil-ige, weil noch nicht abgenützte Zeit.

Nicht jede Kultur und nicht jede Epoche hat den Jahreswechsel zum gleichen Termin gefeiert, wie wir es heute gewohnt sind. Die römische Welt vor der Regierungszeit Julius Cäsars beispielsweise folgte dem Wachstumszyklus, indem sie das Jahr mit dem Monat März beginnen ließ. Als Grundlage der Zeitrechnung diente nicht immer das Sonnenjahr. Der Zyklus der Sonne ist weit schwerer zu beobachten als das Zu- und Abnehmen des Mondes, der die Zeitmessung erleichtert.

Zwischen dem Sonnen- und dem Mondjahr ergibt sich jedoch eine Differenz von zwölf Tagen, die schon die Babylonier als Neujahrsfest feierten. Obwohl sie diese Zwölfheit als verkleinertes Abbild und Omen des kommenden Jahres sahen, so lag sie doch außerhalb der Zeit, gehörte weder zum alten noch zum neuen Jahr. Es war die Zeit «zwischen den Jahren», die keinem irdischen Gesetz gehorchte. Daher ist zum Jahreswechsel bei vielen Kulturen die gesellschaftliche Ordnung außer Kraft gesetzt, und in einem karnevalähnlichen Treiben wird der Diener zum Herren und der Herr zum Diener, die Magd zur Herrin und die Herrin zur Magd, das Kind zum Erwachsenen und der Erwachsene zum Kind und so fort.

Andererseits sind die «Zwölfnächte» zwischen Weihnachten und Epiphanias auch die Zeit der Buße und des Totengedenkens. Die Grenze zwischen dem Reich der Toten und der Welt der Lebenden ist dann besonders durchlässig, was die Kommunikation zwischen beiden und einen Blick in die Zukunft erleichtert. Noch immer herrscht auch in vielen europäischen Landstrichen die Vorstellung, daß sich Geister und Gespenster in mannigfachen Gestalten und Verkleidungen während dieser «Spukzeit» unter die Lebenden mischen. Gefahr und Segen liegen in dieser Zeit nahe beieinander.

Wer dem Sonnenjahr folgt, der gewinnt damit vier «besondere» Tage: die beiden Tagundnachtgleichen am 21. März und am 23. September, die Sommersonnenwende am 22. Juni und die Wintersonnenwende am 22. Dezember. Diese Termine teilen das Jahr in vier Segmente, die wir als die Jahreszeiten Frühling, Sommer, Herbst und Winter bezeichnen. Oder man begreift das Jahr als zweigeteilt: in eine Hälfte, in der die Nacht schwindet und der Tag wächst, und in eine andere, in der die Nacht wächst und der Tag schwindet. Wieder begegnen wir also einem Zyklus des Wachsens und Sterbens.

In der *Mittwinternacht*, der längsten Nacht des Jahres am 22. Dezember stirbt die Welt und wird sogleich wieder geboren. Weihnachten war also ursprünglich ein Totenfest, ein Tag, an dem sich Tod und Leben begegnen.

Die *Mittsommernacht*, die kürzeste Nacht des Jahres am 22. Juni, löste bei den Germanen den Trauerkult zum Tod des Sonnengottes Baldur aus. Die Christen ersetzten Baldur durch Johannes den Täufer, der, wie im Lukasevangelium steht, sechs Monate vor Jesus geboren sein soll, und feiern am 22. Juni die Johannisnacht. Auch für diesen Tag ist wie für den Jahrswechsel und die Mittwinternacht der Übergangscharakter und die Schwellensituation kennzeichnend.

Die beiden *Tagundnachtgleichen*, Höhe- und Scheitelpunkte der dunklen und der hellen Jahreshälften, werden stärker mit dem landwirtschaftlichen Jahr assoziiert als die beiden Solstizien, denn Aussaat und Ernte finden in der Zeit um den 21. März beziehungsweise um den 23. September statt. Folglich haben die zu diesen Terminen gefeierten Rituale die Aufgabe, Fruchtbarkeit zu erbitten beziehungsweise dafür zu danken.

Besonders gut gefällt mir die Art, wie die Anhänger der Alten Religion – jene moderne, besonders aus keltischen und schamanistischen Traditionen hervorgegangene heidnische Bewegung – den Jahreszyklus interpretieren. Sie assoziieren die dunkle Jahreshälfte von November bis April mit dem Gott und die helle Jahreshälfte von Mai bis Oktober mit der Göttin. Das bedeutet jedoch nicht, daß der Gott im Sommer und die Göttin im Winter weniger aktiv oder unansprechbar sind. Es heißt lediglich, daß während der hellen Jahreshälfte der weibliche Aspekt des Gottes und in der dunklen Jahreshälfte der männliche Aspekt der Göttin im Vordergrund stehen. Gott und Göttin durchschreiten das Jahr immer gemeinsam, wechseln sich jedoch in der Führungsrolle ab.

Für diejenigen Völker, die das Jahr lunar gliedern, wie es noch heute in der jüdischen und mohammedanischen Zeitrechnung der Fall ist, ergeben sich pro Monat jeweils zwei kalendarische Höhepunkte: die *Voll-* und die *Neumondnacht*. Auch dieser Himmelskörper steht mit seinem Rhythmus des Zu- und Abnehmens als Symbol für Sterben und Auferstehung oder für das Gebären schlechthin. Darüber hinaus besteht in vielen Kulturen eine enge Beziehung zwischen Mond und Wasser. So glauben die Maori Polynesiens, daß die Mondgöttin bei Neumond ein Bad im Lebenswasser nimmt, um schließlich in neuem Glanz als Vollmond am Himmel erstrahlen zu können.

Es gibt noch unendlich viele weitere Möglichkeiten, im Kalender besondere Tage zu finden, die eines

Rituals würdig sind. In allen Religionen werden die Geburts- oder Todestage von Stiftern, Propheten oder Heiligen zu solchen Feiertagen erhoben.

Auch politische beziehungsweise historische Ereignisse oder Identifikationsfiguren können zur Entstehung von rituell begangenen Erinnerungsfesten führen. So hat das Gedenken an die fünf Jahre zurückliegende Wiedervereinigung Deutschands dieses Jahr in Berlin zu einer dreitägigen Feier geführt, die sich als Mischung aus Erntedankfest, Karnevalsumzug und Rockfestival präsentierte, als dessen Hauptattraktion die Parade der sechzehn Länder auf der Straße des 17. Juni zum Brandenburger Tor und das prachtvolle abschließende Feuerwerk gelten mag. Die Funktion von «Deutschlands Fest», das ich allerdings bisher nur mit halbem Herzen als Ritual bezeichnen kann, weil das magisch-religiöse Element zu geringe Bedeutung zu haben schien, lag fast ausschließlich in der Unterhaltung der Massen.

Die Basis aller kalenderbezogenen Festtage war jedoch schon immer und ist auch heute noch das landwirtschaftliche Jahr, dessen Übergänge und Schwellen dem Menschen seit jeher besonders am Herzen lagen, weil sie sein Überleben sichern oder es bei Nichtbeachtung der naturgegebenen Regeln verhindern. Wir, die wir Milch im Tetra-Pack, Fleisch eingeschweißt in Zelophan und Kartoffeln in Zweieinhalbkiloplastiksäcken kaufen, haben kaum noch einen Bezug zu den wetterbedingten Sorgen eines Bauern. Die Natur ist der industrialisierten Welt als Partner abhanden gekommen und zum Rohstoff verkommen, der gestaltet werden muß. Die Armut, die wir damit in Kauf nehmen und ab und an durch einen Sonntagsspaziergang im Grünen auszugleichen versuchen, dringt nur selten in unser Bewußtsein.

Nutzen Sie die Möglichkeit, über die oben beschriebenen Anlässe der Natur wieder näher zu kommen. Ein im Freien zelebriertes Ritual zu den genannten Terminen ist dabei sehr hilfreich. Für die Zukunft dieser Erde ist es wichtig, daß unsere persönliche Beziehung zu Schnee und Sonnenschein, zu Mairegen und Novembernebel, zu mondheller Nacht und Sternenhimmel, zu Feld und Wald und Wiese wieder gesundet.

Nachdem Sie nun also die Ziegel und das Handwerkszeug erhalten haben, um den Tempel Ihrer eigenen lebenslauforientierten und kalendarischen Rituale – auf die ich mich in diesem Buch hauptsächlich konzentrieren will – erschaffen zu können, fehlen Ihnen nun noch drei entscheidende Hilfsmittel: die wie Mörtel Verbindung schaffende Symbolik, der rechte Ort (der Bauplatz) und die rechte Zeit (die terminliche Planung und Koordination des Tempelbaus). Schließlich will ich im letzten Abschnitt des Bandes die beispielhafte Errichtung eines Ritualtempels beschreiben.

Das bringt mich zum Anfang des Buches zurück, wo ich Ihnen als lebendige Beispiele für Rituale zwei Hochzeitszeremonien, die eine modern-christlich, die andere ethnisch-afrikanisch, beschrieben habe. Das fertige Ritualgebäude am Ende des Buches soll ein Ritual für eine Partnerverbindung sein. Daher nun einiges zum Thema Hochzeit.

Die Hochzeit

Es ist mir schwergefallen, mich für die Hochzeit als Beispiel zu entscheiden. Zum einen gilt meine Neugier in Sachen Rituale vor allem der Initiation, schon deshalb, weil kein anderes Ritual so spannend ist und so kontrovers diskutiert wird. Zum anderen gehöre ich wohl in eine Generation, welche die Heirat eigentlich ablehnt und das eher unverbindliche Zusammenleben vorzieht.

Nach und nach hat mich meine Beschäftigung mit Ritualen, unter denen natürlich auch Hochzeitzeremonien waren, jedoch zu einer neuen Einstellung geführt. Die Hochzeit ist das einzige Ritual, das zwei polare Kräfte, das Weibliche und das Männliche, zu verbinden sucht. Dieses Thema begleitet die Menschheit von Anbeginn und wird auch heute noch in jeder Kultur an allererster Stelle diskutiert. Die Hochzeit ist nicht nur ein Ritual von großer gesellschaftlicher Bedeutung, sie selbst ist ein Symbol und als *Hieros gamos*, als «heilige Hochzeit», ein Urbild für die Vereinigung von Himmel und Erde und den Ursprung allen Lebens.

Der Ablauf unseres heutigen kirchlichen Hochzeitsrituals, wie ich es als Einleitung des Kapitels schilderte, spiegelt eine nahezu märchenhafte, von Harmonie und Glück getragene gesellschaftliche Wunschvorstellung wider: Das heiratende Paar wird für die Dauer der Zeremonie zum allseitigen Hoffnungsträger für eine bessere Welt. Obwohl Scheidungen und Trennungen mit oft erschreckender Dramatik zum Alltag unserer Kultur gehören, klammern wir uns für einige wenige Stunden an diese wie auf einer Bühne dargestellte Vision, die uns helfen soll, unsere eingeschlafenen oder resigniert aufgegebenen Partnerschaftsideale wieder zum Leben zu erwecken.

In früheren Generationen, die noch nicht über ein so reichhaltiges Angebot von Freizeitgestaltung verfügten, wurden keine Kosten und Mühen gescheut, die Verheiratung zweier Menschen so unterhaltsam wie möglich auszurichten. So ist die Schilderung einer Bauernhochzeit in Pommern im Jahr 1907 erhalten geblieben, bei der zur Bewirtung der Gäste anderthalb Tonnen Weizenmehl, vier Schweine von hundertfünfundzwanzig Kilogramm, zwei Kälber, drei Schafe, zweiunddreißig Gänse, eine Tonne Fisch, vierundfünfzig Fässer Bier, fünfhundert Flaschen Wein und dreihundert Liter Branntwein verbraucht wurden. Bei diesen Zahlen fragt man sich unwillkürlich, wer all dies wohl zubereitet haben mag, und welche Gäste diese Unmengen verzehrt haben.

Die Kosten, die ein solches Fest verursacht, sind in zahlreichen Stammeskulturen nicht der einzige materielle Aspekt einer ehelichen Verbindung. Häufig hat der zukünftige Ehemann seinen Schwiegereltern einen *Brautpreis* in Form von Gütern oder Dienstleistungen zu entrichten, der diese für den Verlust von Arbeitskraft entschädigen soll, oder als Gegenleistung für die Gebährfähigkeit der Frau verstanden wird.

Manchmal dient der Brautpreis auch als Hinterlegung einer Sicherheit für die Frau oder als Pfand für die Stabilität der Verbindung.

Der umgekehrte Fall, nämlich der, daß die Braut eine *Mitgift* als Aussteuer oder in anderer Form mitzubringen hatte, war und ist eher eine europäische Sitte. Offenbar nahm der Wert der Frau mit wachsender Industrialisierung ab, und so mußte der Brautvater den Schwiegersohn dafür entschädigen, daß er in Zukunft für die Versorgung seiner Tochter Sorge trug.

Egal, ob die Braut nun verkauft oder gekauft wurde, lange Zeit stand die Hochzeit für den Besitzwechsel der Frau, die oft ohne Mitspracherecht vom Eigentum des Vaters in dasjenige ihres Mannes überging. Diese Unterdrückung ist ein trauriges Kapitel in der Kulturgeschichte der Hochzeit.

Die Vielfalt der Hochzeitsbräuche spiegelt die kulturell oft stark voneinander abweichenden Auffassungen von Wesen und Rechtscharakter der Institution Heirat oder des mit ihr verbundenen Status beziehungsweise Rollenmusters wider. Im Grunde hat sich die Botschaft des Rituals auch in unserem Jahrhundert nicht sehr verändert. Noch immer ist die Gefahr groß, daß Verpflichtung und Einengung jede Freiwilligkeit und Spontaneität ersticken, vor allem dann, wenn die Phantasien der Eltern und Schwiegereltern auf ein Paar projiziert werden. Wie also kann ein modernes Ritual dazu beitragen, daß die Beziehung zwischen zwei Menschen lebendig und dynamisch bleibt?

2. KAPITEL

Die Symbole

Im ersten Kapitel erwähnte ich, daß das Ritual als Kette *symbolischer* Handlungen verstanden werden muß. Für die Kommunikation zwischen Bewußtsein und Unbewußtem bedarf es einer besonderen Sprache: die der Symbole und Bilder. Es wäre schön, wenn Symbole und Bilder die erste Fremdsprache unseres Bewußtseins wären. Doch obwohl das Unbewußte vielleicht vier Fünftel und das Bewußtsein nur ein Fünftel ausmacht, will unser Bewußtsein die Mühe des Sprachelernens nicht auf sich nehmen.

Nicht die Götter haben uns verlassen. Wir haben verlernt, ihre Botschaften, die sie uns aus unserem Unbewußten schicken, zu verstehen, weil wir mit den Symbolen und Bildern unserer Träume nichts mehr anzufangen wissen. Wir haben verlernt, über die Sprache von Symbolen und Bildern mit ihnen in Verbindung zu treten.

Das Symbol in Ritus, Traum und Mythos

Das Wort Symbol entstammt dem Griechischen und bezeichnete ursprünglich die beiden Hälften eines zusammenpassenden Täfelchens, an dem Gastfreunde einander erkannten. Später stand es allgemein für Merk- oder Erkennungszeichen, und heute nutzen wir es im gleichen Bedeutungsumfeld wie den Begriff Sinnbild.

Symbole begleiten wie die Rituale die Menschheitsgeschichte. So sind die Felszeichnungen in den Höhlen von Lascaux Symbole, denn sie stellen nicht nur Jagdszenen oder einfache Tierabbildungen dar, sondern beinhalten auch die mit ihnen verbundene Bitte an die Götter um reiche Jagdbeute, den Dank an das Tier, das sein Leben für den Menschen läßt, und vieles mehr. Auch die sogenannte Venus von Willendorf ist nicht nur einfach die Kleinplastik einer dicken Frau ohne Gesicht, sondern ein Symbol der Fruchtbarkeit beziehungsweise der lebenspendenden Kraft des Weiblichen.

Ein Symbol ist also etwas, mit dem etwas anderes ausgedrückt wird, das für eine andere Sache steht oder sie darstellt. Es kann ein Gegenstand, eine Darstellung, eine Handlung oder auch eine Aussage sein, von denen jedes eine Bedeutung vermittelt, die über ihre bloße, banal-äußerliche Form hinausgeht.

Manfred Lurker (1928–1990), ein weithin angesehener Symbolforscher und Autor zahlreicher substantieller Veröffentlichungen, faßt den Begriff in *Götter und Symbole der alten Ägypter* folgendermaßen: «Die

Bedeutung des Symbols liegt nicht in sich selbst, sondern weist über sich hinaus. Nach Goethe ist wahre Symbolik überall dort, ‹wo das Besondere das Allgemeine repräsentiert, nicht als Traum oder Schatten sondern als lebendig-augenblickliche Offenbarung des Unerforschlichen›. Für den religiösen Menschen ist das Symbol ein konkretes Phänomen, in dem der Gedanke des Göttlichen und Absoluten in solcher Weise immanent wird, daß er zu deutlicherem Ausdruck gelangt als durch Worte. Heilsgeschichtlich ist das Symbol Ausdruck für die nicht abgebrochene Verbindung zwischen dem Schöpfer und seiner Schöpfung. Wenn aus der Fülle des göttlichen Urbildes die Einzelbilder offenbar werden, dann sind diese im eigentlichen Sinn sym-bolon, Zusammenwurf, Zusammenschlag von Zeit und Ewigkeit. Das Symbol ist Verhüllung und Offenbarung zugleich.»

Auf der einen Seite sind also Symbole die Sprache, mit der sich der Mensch im Ritual an sein Unbewußtes, in dem das Göttliche wohnt, wendet. Umgekehrt nutzt das Unbewußte seinerseits ebenfalls Symbole, um dem Bewußtsein in Träumen seine Befindlichkeit mitzuteilen. Zwischen Ritualen und Träumen besteht also eine Analogie.

Carl Gustav Jung hat herausgefunden, daß der *Traum* nicht einfach nur eine undynamische verschlüsselte Mitteilung aus dem Unbewußten ist. Durch die von ihm entwickelte und von seinen Schülern weitergeführte Traumarbeit ist es möglich, durch intensive Beschäftigung mit dem Traum, diesen nicht nur in seiner Bedeutung zu erfassen, sondern auch zu beeinflussen und damit auf das Unbewußte einzuwirken.

Die Symbole, derer sich das Unbewußte im Traum bedient, entstammen einem Fundus von Motiven, die Jung *Archetypen* nannte. Diese Urbilder sind vorbewußt vorhandene Bildstrukturen der Psyche und Ausdruck der vieltausendjährigen Erfahrungen, die der Mensch im Anpassungs- und Daseinskampf gesammelt hat. Abbildungsmotive, wie sie von den großen Arkanen des Tarot aufgegriffen werden, also zum Beispiel der Narr, der Magier, die Hohepriesterin oder der Herrscher, sind typische Beispiele für archetypische Strukturen.

In Träumen auftauchende Symbole basieren also auf allgemeingültigen Archetypen, die wiederum dem sogeannten *kollektiven Unbewußten* entstammen, jenem Teil der Psyche, welches das gemeinsame psychische Erbe der Menschheit enthält und weitergibt. Ein Ividuum variiert also in seinen Träumen eine bestimmte Menge von Elementarsymbolen, die allen Kulturen und Rassen gemeinsam sind, auf charakteristische Weise.

Neben der Analogie zwischen Ritualen und Träumen besteht eine solche auch zwischen Träumen und *Mythen*. Der große Mythenforscher Joseph Campbell (1904–1987) sagt: «Mythen sind das geistige Gerüst der Riten, und Riten die leibhaftige Aufführung der Mythen.» Dabei erscheinen die gleichen symbolischen Muster in den Mythen von Stammesgemeinschaften, die in der Vergangenheit oder noch heute, seit Jahrhunderten unverändert, an den Randgebieten der Zivilisation existieren. Rituale, Träume und Mythen werden in ihrer Symbolik aus dem kollektiven Unbewußten gespeist.

In der griechisch-römischen Mythologie finden sich zahlreiche Beispiele für Archetypen. So kennen wir die Gestalt des Helden, in dessen Geschichte seine wunderbare, wenn auch armselige Geburt beschrieben wird, die frühen Anzeichen seiner übermenschlichen Stärke, sein rascher Aufstieg zu Ansehen und Macht, sein siegreicher Kampf mit den Mächten des Bösen, seine Anfälligkeit für die Sünde des Stolzes und sein Sturz durch Verrat, der mit seinem Tod endet. Nicht immer jedoch muß der Mythos den vollständigen Kreislauf von der Geburt bis zum Tod schildern. Die uns geläufigsten europäischen Heldenmythen sind jene des Herkules, des skandinavischen Sigurd, des englischen Königs Arthus oder auch die Geschichte Siegfrieds.

Neben Heldenbildern verarbeitet die Mythologie auch den Archetyp der Einweihung oder der Transzendenz. Sie kennt in ihrer griechischen Ausprägung eine Vielzahl von *Mysterien*, wie beispielsweise den Dionysos-Kult, in dessen orgiastischen Ritualen ein Initiand ganz seiner tierhaften Seite überlassen wurde, um so die Fruchtbarkeitsmacht der Mutter Erde zu erfahren. Solche Mysterien und Kulte brachten Symbole hervor, die in unseren Träumen zum Teil bis heute ihre Lebendigkeit bewahrt haben.

Zusammenfassend kann man also Symbole als ein *Kommunikationsmittel* sehen. Vor allem zwischen dem Bewußtsein und dem Unbewußten (oder umgekehrt) eines einzelnen Idividuums, aber auch zwischen Kulturen, die noch nie miteinander in Berührung gekommen sind.

In einer vereinfachten, weitestgehend unspirituellen Form dienen Symbole der Überwindung von Sprachbarrieren. So können Sie beispielsweise auch dann ohne Sorgen mit dem Auto durch Frankreich fahren, wenn Sie kein Wort Französisch sprechen, weil der Verkehr mit Unterstützung von symbolischen Piktogrammen geregelt wird. Symbole wie Markensignets der Fahrzeug- und Bekleidungsindustrie gestatten es der Werbung, mit ihrer Botschaft bis ins Unbewußte ihrer Zielgruppe einzudringen und auf diese Weise jede Abwehr nahezu vollständig zu umgehen. Und schließlich: Im Symbol liegt auch der Ursprung der Schrift.

Die Symbolik der Freimaurer

Als konkretes Beispiel dafür, wie aus profanen handwerklichen Gegenständen und Handlungen ein in sich geschlossener und stark verdichteter Symbolkomplex bewußt ausgearbeitet werden kann, bietet sich ganz besonders die Freimaurerei an.

Sie entwickelte sich aus den mittelalterlichen Bauhütten Frankreichs, Englands und Deutschlands, denen wir heute vor allem die Errichtung zahlreicher gotischer Kathedralen und Klöster verdanken. In diesen überdachten Werkstätten wurden die für den Bau notwendigen Steine behauen. Dort wurden die Lehrlinge von den Meistern in die Grundlagen ihres Handwerks eingeführt, und die Gesellen tauschten ihr vor allem auf die Geometrie, auf Proportionen und Rhythmus bezogenes Wissen untereinander aus. Mit der Zeit entfernte sich die Lehre von rein bautechnischen Vorstellungen und verlagerte sich in einen zunehmend mystischen Bereich. Nun wurden auch Bewerber als Mitglieder aufgenommen, die nicht dem Bauhandwerk zugehörten. Seit der Gründung der ersten modernen Freimaurerloge in London 1717 ist das Ziel der in zahlreichen Ländern verbreiteten Bewegung, ihre «Brüder» durch den gezielten Umgang mit Symbolen und Ritualen vom unwissenden und sittlich unreifen Individuun zum geläuterten und edlen Menschen hinzuführen.

Wenn sich «Lehrlinge», «Gesellen» und «Meister» auf der Basis der Verbrüderungsidee zu ihrer regelmäßigen «Arbeit» in der «Bauhütte» oder im «Tempel» treffen, dann geschieht dies, um vereint im geistigen Streben nach Vollendung den Bau des (Salomonischen) «Tempels» der Humanität voranzutreiben.

Das Symbol des «Lehrlings», des neu in den Bund Aufgenommenen, ist der «rauhe, unbearbeitete Stein». Das «Behauen des Steins» gleicht der Selbsterziehung und läßt schließlich den «kubischen Stein», den «Gesellen» entstehen. Aus all diesen «kubischen Steinen», im Idealfall aus der gesamten Menschheit, soll der in Proportionen, Harmonie und Ästhetik perfekte «Tempel» der Weltgemeinschaft errichtet werden.

Das «Werkzeug» für diese «Arbeit» des «Lehrlings» besteht aus dem «Maß-Stab» als Richtlinie für richtiges

Handeln zu jeder Stunde des Tages, dem «Hammer», der seinen Willen ausdrückt, das «Werk» zu Ende zu führen, dem «Meißel» als Zeichen seines Entschlusses zur ständigen Vervollkommnung, dem «Reißbrett», das die Arbeit des Meistergrades symbolisiert, dem «Winkelmaß», das als Symbol für die Rechtwinkeligkeit und die Gewissenhaftigkeit steht, der «Wasserwaage», die Gleichheit und die tägliche Unterordnung der persönlichen Vorrechte unter das reine Menschentum verbildlicht, dem «Senkblei», das auf Geradheit und Wahrhaftigkeit hinweist, und dem «Zirkel», der an die allumfassende Menschenliebe erinnert.

Als Bekleidung trägt der «Lehrling» den – meist weißen – «Schurz» als Zeichen der Unschuld und Sinnbild der Arbeit. Seine «Handschuhe» sollen ihn daran erinnern, daß seine Hände bei der «Arbeit» rein zu bleiben haben. In manchen Logen ist auch ein bestimmter Hut üblich.

Natürlich ist damit der Symbolfundus der Freimaurer noch nicht erschöpft. Jedoch reichen diese wenigen Symbole bereits aus, um Ihnen zu zeigen, um wievieles besser und tiefgreifender – nämlich bis ins Unbewußte hinein –, selbst so einfache Werkzeuge wie die der Steinmetzen die Lehre dieses modernen Mysterienbundes *veranschaulichen* können, als je eine theoretische und intellektuelle Abhandlung dazu in der Lage wäre.

Begriffliche, sprachliche Symbole

Fast alles kann in entsprechendem Umfeld zum Symbol werden. Zur besseren Veranschaulichung bietet sich die Unterteilung in begriffliche, sprachliche und bildliche, imaginative Symbole an.

Der Religionsphilosoph Karl Rahner (geb. 1904) nennt begriffliche, sprachliche Symbole «Urworte» und meint damit solche, die über sich hinausweisen und auf andere Ebenen hin transparent werden. Solche Worte der Grenzüberschreitung sind beispielsweise: Blüte, Wurzel und Rose, Nacht, Quelle, Blitz und Stille, Blut, Atem und Kuß. Die Objekte in dieser Aufzählung sind darüber hinaus auch bildliche Symbole. Um aber die symbolhafte Wirkung der Blüte zu erkennen und zu spüren, muß man nicht unbedingt eine Blüte oder ihre Abbildung sehen; auch das Wort allein vermittelt bereits eine symbolhafte Botschaft.

Auf einer anderen Ebene können sprachliche Symbole auch neurotische Symptome implizieren. So ermahnt man beispielsweise einen Menschen, der in einer unerträglichen psychischen Lage ist und zugleich an einer medizinisch nicht erklärbaren Beinlähmung leidet: «So kann es nicht weiter gehen!» Ein anderer, der unter ähnlichem psychischen Druck steht und sich beim Essen erbricht, kann eine unangenehme Sache «nicht verdauen». Mit ähnlichen Wortbildern werden im alltäglichen Sprachgebrauch häufig unbewußt zahlreiche psychosomatischen Beschwerden symbolhaft ausgedrückt.

Bildliche, imaginative Symbole

Der Komplex der bildlichen, imaginativen Symbole scheint noch umfangreicher zu sein. Es ist unmöglich, ihn im Rahmen dieses Buches umfassend darzustellen, jedoch möchte ich hier fünf Gruppen herausgreifen, die mir zur Erschaffung eines Rituals nützlich zu sein scheinen.

Zahlen

Die Begeisterung für die Zahl als Symbol hat viel mit der Architektur, in der Formen von Zahlen bestimmt sind, und mit der Entdeckung der Astronomie, im weitesten Sinne der Architektur des Kosmos, zu tun. Die Zahl befriedigt das Urbedürfnis des Menschen nach Ordnung und Symmetrie und ist deshalb tatsächlich von sakraler Qualität.

Am Anfang steht der Schöpfergott als die «Ur-Einheit», der für den Menschen erst erfahrbar wird, weil er sich in jene Zweiheit begibt, die in der altchinesischen kosmischen Polarität von Yin und Yang dargestellt ist. Aus These und Antithese wird die Synthese der Dreiheit geboren, ein Bild, daß wir besonders gut aus dem Märchen kennen. Die Vierheit verdoppelt nicht nur das Dualsystem, sondern «macht sie gerade». Dem Quadrat der vier fügt die Fünfheit die Mitte hinzu. Und so fort. Es gibt kaum eine Zahl, die nach ein wenig Nachdenken nicht ein Flut von Bildern in uns auslöst.

Formen

Nahe verwandt mit der Zahl ist die Form. Linie, Dreieck, Quadrat, Fünfeck und alle anderen Vielecke unterscheiden sich durch die Anzahl ihrer Seiten voneinander und stehen daher in enger Verbindung mit der Zahlensymbolik. Zum Beispiel verknüpft die Linie die Gegensätze von Trennung und Verbindung miteinander, steht das Dreieck für Göttlichkeit, für Vermittlung zwischen Himmel und Erde, und symbolisisert das Quadrat mit seinen vier rechten Winkeln das abgesteckte Feld, die Erde und drückt Ruhe und Sicherheit aus. Andere Formen wie Kreuz, Kreis und Spirale sind von keiner geringeren symbolischen Ausdruckskraft. So ist das Kreuz keineswegs nur christliches Symbol sondern steht allgemein für Orientierung, da es als Koordinatenkreuz dem Menschen die Chance gibt, sich in Raum und Zeit zurechtzufinden. Der Kreis entspricht dem Erscheinungsbild von Sonne und Mond und ist bereits aus diesem Grund das wichtigste und wahrscheinlich am weitesten verbreitete geometrische Symbol. Darüberhinaus steht er, da er ohne Anfang und Ende ist, für das Absolute, Vollkommene und ist als solcher und in verfeinerter Form als Mandala eine uralte Meditationshilfe. Die aus dem Kreis erwachsende Spirale ist ein ideales Symbol für die psychische Entwicklung des Menschen.

Farben

Farben bilden ein Bezugs- und Ordnungssystem, das sich alle Religionen zunutze gemacht haben. Trotz großer Abweichungen in der Bewertung von Farben hat sich dennoch eine einfache Farbsymbolik herausgebildet, derer sich die meisten Menschen im Alltag bewußt oder unbewußt bedienen. So steht Weiß für die Unschuld, Schwarz für den Tod, Gelb für die Eifersucht und den Neid, Grün für die Hoffnung, Blau für die Treue und Rot für die Liebe.

Farben haben jedoch neben ihrer Symbolkraft auch eine anerkannt große Heilkraft. Unbestreitbar haben sie durch unterschiedliche Schwingungen ihren eigenen Ausdruckswert und können die Psyche unmittelbar beeinflussen. Zahlreiche Formen von Farbtherapien werden daher von vielen Menschen schon lange mit gutem Erfolg erprobt, weil sich hier eine besonders sanfte Methode der Heilung und Beeinflussung bietet.

Von herausragender Qualität scheint mir hier insbesondere die Aura-Soma-Farbtherapie zu sein, die von der inzwischen verstorbenen Vicky Wall medial entwickelt wurde. Die Wirkung der bisher zweiundneunzig «Balance»-Flaschen, der vierzehn Pomader und vierzehn «Quintessenzen» scheint so außerordentlich zu sein, daß sich eine Erprobung im Zusammenhang mit Ritualen förmlich aufdrängt.

Tiere

Zahlreiche Tiere haben ebenfalls Symbolcharakter. Berücksichtigt man den Stellenwert, den sie am Anfang der Zeit für den Menschen eingenommen haben, dann ist der Grund hierfür leicht nachvollziehbar. So steht von alters her der Löwe für Kraft und Mut, die Biene für Fleiß, das Lamm für Geduld, die Schlange für Falschheit, das Reh für Sanftmut und so fort.

Zu den realen Tieren kamen auch immer schon Fabelwesen wie Phönix, Sphinx, Drachen, Einhorn, Zentaur, Chimäre und viele andere hinzu. Auch im Tierkreis übernehmen Tiere eine Symbolfunktion.

Pflanzen

Wie die Tiere waren auch Pflanzen in der Anfangszeit der Menschheit verehrungswürdig und wurden daher symbolhaft ausgestaltet. Sie galten ja nicht nur als Nahrungsmittel, sondern auch als Heilmittel, Gift- und Duftstoff. In der griechischen Mythologie hatten die Götter Pflanzen, die ihnen besonders heilig waren und die deshalb zu ihren Attributen gehörten. So war Demeter mit der Ähre verbunden, Dionysos mit dem Efeu und Aphrodite mit der Myrte.

Die Pflanzen, mit denen wir noch heute besonders starke Symbolkraft assoziieren, sind die Rose, die für Liebe und Weisheit steht, die Eiche, deren Wuchs auf Stärke und Männlichkeit verweist, die Ähre, die Auferstehung und das «täglich Brot» verspricht, der Apfel, der Fruchtbarkeit und Leben impliziert, und das Kleeblatt, dem wir besondere Lebenskraft nachsagen und es als Glücksbringer ansehen.

Es gibt zu fast allen dieser fünf Symbolbereiche eines oder mehrere Bücher, die Ihnen weitere Anregungen geben können. Was ich Ihnen in diesem Band anbiete, kann wegen seines Umfangs nur fragmentarisch sein. Wenn Sie sich also ernsthaft damit befassen wollen, Rituale selbst zu schaffen, dann empfehle ich Ihnen, sich Ihre eigene kleine Symbolbibliothek zusammenzustellen.

Darüber hinaus existieren Symbole auch in Form von *Gebärden*, wie die im Buddhismus und Hinduismus üblichen Mudras, als *Figuren* wie die Heiligen, als *geographische Orte* wie Glastonbury, Carnac oder das Lechfeld bei München, als *Edelsteine* wie Rubin, Topas oder Smaragd, als *Minerale* wie Gold, Silber oder Diamant, als *Elemente* Feuer, Wasser, Luft und Erde; die Vielfalt ist unerschöpflich.

Persönliche Symbole

Zum wirksamen Gebrauch von Symbolen ist es nicht unbedingt erforderlich, daß man sie versteht. Eine Wirkung ist auch zu beobachten, wenn man sich nur mit ihnen beschäftigt oder über sie nachdenkt. So gesehen würde es vollkommen ausreichen, wenn Sie sich mehrere Symbollexika kauften und daraus jene Symbole auswählten, die Ihnen am meisten zusagen. Doch für ein Ritual ist nicht nur der Ritualablauf selbst von Bedeutung, sondern auch die vorangehende kreative Phase, in der Sie für sich die Stuktur und die Bestandteile Ihrer ganz persönlichen Zeremonie zusammenstellen. Ein Teil dieser Vorbereitung könnte darin bestehen, daß Sie nach eigenen Symbolen suchen.

Für mich verbinden sich persönliche Symbole häufig mit *Geschenken*, die ich einmal erhalten habe. So gab mir mein Vater zu meinem zwölften Geburtstag einen grün-gelben Wecker, der mich vor allem während meiner Internatszeit aber auch später mit lautem Ticken an die Verbundenheit zu meinen Eltern und an die Begrenztheit der Zeit unserer Trennung erinnerte. Meiner Patentante, die für mich eine sehr wichtige Bezugsperson ist, war es nicht möglich gewesen, bei meiner Taufe anwesend zu sein, da sie sich auf einer Reise durch das Sinai-Gebirge befand. Viele Jahre später, als wir darauf zu sprechen kamen, schenkte sie mir eine Brotoblate, die sie damals dort im Katharinenkloster erhalten hatte. Diese Oblate ist nun für mich ein doppeltes Symbol, zum einen für unsere Freundschaft, zum anderen für die Verwandlung und für neues Leben. Eine meiner Freundinnen, die eine begeisterte Bergsteigerin ist, bewahrt seit Jahren einen Karabinerhaken auf, dem sie bei einer Kletterpartie einmal ihr Leben verdankte und betrachtet ihn als Symbol für ihre Verankerung in der Welt.

Solche symbolhaften Gegenstände befinden sich im Besitz der meisten Menschen. Man hebt sie auf, nicht weil sie selbst von besonderem Wert sind, sondern weil sie eine verdichtete Erinnerung an emotional bedeutsame Momente transportieren. Sie können so einfach sein wie ein Blatt oder ein Zweig, den Sie bei einem Spaziergang aufgehoben haben, während sie die Natur besonders intensiv erfahren haben.

Denkbar ist auch, die Symbole, die Sie in Ihrem Ritual verwenden wollen, zuvor selbst *herzustellen*.

Bedenken Sie dabei, daß nicht das Produkt entscheidend ist, sondern sein Entstehen. Das Symbol soll vor allem Ihr Unbewußtes erfreuen, weniger Ihr Auge (oder das in einem solchen Fall dahinter verborgene Selbstwertgefühl oder die Eitelkeit). Lassen Sie sich von Ihrer Intuition leiten oder greifen Sie auf die Anregungen Ihrer Träume zurück. Es bedarf einiger Übung, bis man sein Unbewußtes dazu bewegen kann, geeignete Symbole zu verschenken oder sie richtig zu verstehen, aber mehrmalige Versuche lohnen sich durchaus.

Manchmal finden Sie vielleicht auch nach intensivem Bemühen nicht das Symbol, welches Ihr Thema auf angemessene Weise verbildlicht. Verlieren Sie dann nicht die Geduld. Meistens ist die Ursache für eine solche Blockierung Ihr ungestümer Wunsch oder mengelnde Zeit. Lassen Sie dann Ihre überhöhten Anforderungen los und überlegen Sie sich ein einfacheres Ersatzsymbol.

Sie müssen nicht für jedes Ritual, das Sie zelebrieren möchten, ein neues oder eigenes Symbol erschaffen. Solche symbolischen Gegenstände, wie ich Sie eingangs erwähnte, bewahren Sie meist ohnehin schon lange auf und werden dies auch weiterhin tun. Ich empfehle Ihnen jedoch, einen besonderen *Aufbewahrungsort* für Ihre Symbole zu suchen oder zu schaffen. Das Enthüllen und Verbergen können einem Ritual zusätzliche dramatische Spannung verleihen und die Kraft des Symbols noch verstärken. Präsentieren Sie Ihr Symbol auf geeignete Weise. Legen Sie es auf ein besonderes Seidentuch oder auf einen Silberteller und verstärken Sie so seine Wirkung. Nicht ohne Grund werden in der Kirche verschiedenfarbige Altardecken aufgelegt.

Werfen Sie ein Symbol, von dem Sie meinen, daß es keinen Zweck mehr erfüllt, nicht einfach fort. Manche Symbole lassen sich *umwandeln* und mit neuem Inhalt füllen. Ein eindrucksvolles Beispiel für eine solche Umwandlung lieferte 1983 der Pfarrer Friedrich Schorlemmer im Hof der Schloßkirche zu Wittenberg, an deren Pforten Luther seine neunundneunzig Thesen geschlagen hatte, als er vor über tausend Kirchentagsbesuchern Schwerter zu Pflugscharen umschmieden ließ. Sowohl Schwert als auch Pflug sind mächtige Symbole. Das eine steht für Tod, Strafe und Aggression, das andere für lebensspendende Nahrung, Dienst und Sinnsuche. Schorlemmer wollte mit seinem Akt der Symbolumwandlung zu einer Zeit, in der eine solche Handlung durchaus mit Risiken für Leib und Leben verbunden war, ein deutliches Zeichen für das Interesse seiner Kirche am Frieden setzen und im kollektiven Unbewußten verankern.

Auch ein Trauring, der nach einer Scheidung plötzlich zum Symbol einer gescheiterten Beziehung geworden sein mag, sollte durch die Einschmelzung eine neue, der gewandelten Situation des Trägers gemäße Form erhalten. Ein Teil des Trennungsschmerzes und des Gefühls, versagt zu haben, kann so durch die Neugestaltung des Rings entlassen werden. Auf diese Weise wird das Symbol, wie der Mensch dem es gehört, transformiert.

Abschließend möchte ich noch darauf hinweisen, daß Symbole durchaus auch eine Schattenseite haben können. Zum einen haben es diktatorische oder autokratische Regimes immer verstanden, die Kraft der Symbole für ihre Zwecke auszunutzen. So führten im zeitlich und räumlich weit entfernten Aztekenreich Ritualsymbole wie Opferblut, Herz und Sonne zu grausamer Menschenvernichtung, und in einer uns näher liegenden Epoche standen Symbole wie Fahne, Führer, Blut und Boden für Herrschaft und Zerstörung. Auch der Okkultismus und viele moderne Sekten operieren mit ausdrucksstarken Symbolen und schlagen damit insbesondere junge Menschen in ihren Bann.

Auch haben die in den Tiefenschichten der Persönlichkeit verankerten Symbole die Macht, ein Eigenleben zu entfalten und durch eine Art Rückkoppelungseffekt ihre Schöpfer zu beeinflussen. Menschen, die einen starken Bezug zu Symbolen haben, wird daher manchmal vorgeworfen, sie ließen diese ihr Leben bestimmen und schalteten ihr Denkvermögen ab. Ebenso wie die Struktur eines Rituals zwar von großer Bedeutung aber eben nicht das Ritual selbst ist, so sind auch Symbole für das Ritual zwar unverzichtbar, aber doch auch nur eines seiner Elemente, die allerdings Achtung und Respekt verdienen.

3. KAPITEL

Der rechte Ort

Im Zusammenhang mit der Ablösungsphase erwähnte ich bereits, daß für jedes Ritual zunächst einmal ein Raum geschaffen werden muß, in dem das Profane vom Sakralen abgegrenzt ist, ein Raum, der außerhalb jener Zeit liegt, in der weltliche Abläufe und Handlungen gemessen oder definiert werden. Der für ein Ritual erforderliche Wechsel von der profanen in die sakrale Welt erfolgt damit zum einen durch spezifische Ablösungszeremonien, wie beispielsweise durch eine Reinigung, und zum anderen durch das Betreten eines geweihten Ortes.

Jeder Mensch bewahrt als Bestandteil seiner persönlichen Mythologie Orte in seiner Erinnerung, die sich qualitativ von allen übrigen unterscheiden. Der Baum an unserem Schulweg, an dessen Zweigen wir als Kinder im Frühling die prallen Blütendolden bewunderten, und zwischen dessen Wurzeln wir im Herbst Kastanien aufsammelten und sie in unseren Taschen trugen, bis sie verschrumpelt waren. Das Café, in dem wir unsere erste Verabredung trafen.

Das Kino, in dem wir den ersten Kuß tauschten. Die Straße, über die wir den Ort unserer Kindheit verließen. Solche «heiligen» Plätze unseres privaten Universums haben aus Gründen, die nur wir selbst kennen, eine kräftigere energetische Ausstrahlung als solche, mit denen wir nichts verbinden.

Dennoch kann man auch an einem Ort, den man zum ersten Mal betritt, etwas «spüren». Solche besonderen, aber nicht unbedingt spektakulären Punkte in der Landschaft oder Gebäude in einer Stadt empfinden wir diffus als «vertraut», und es zieht uns immer wieder zu ihnen hin. Eine kleine Kapelle allein in einer Wiese, eine Lichtung, auf die wir bei einem Waldspaziergang unvermittelt stoßen, ein Hünengrab im Schutz eines Baumes, ein bestimmter Brunnen auf dem Marktplatz einer Kleinstadt.

Weltachse und Mittelpfosten

Hinter unserer Vorstellung von heiligen Plätzen und starken Orten verbirgt sich ein uralter mythologischer Kern. Unsere jagenden und Ackerbau treibenden Vorfahren brauchten im Chaos ihrer Welt ein *Zentrum*, von dem aus sie mit dem Göttlichen kommunizieren konnten. Indem sie ein solches Zentrum fanden, *begründeten* sie zugleich die Welt neu, denn erst der feste Angelpunkt ihres Zentrums ermöglichte ihnen die *Orientierung*, die sie zum Überleben benötigten.

Das Zentrum manifestierte sich in ihren Behausungen durch den *heiligen Mittelpfosten*, der das Haupt des mythischen Drachen, der sich gegen die Welt der Götter, gegen den Kosmos auflehnt und ihn vernichten will, in der Erde festnagelte, und symbolisiert das Dach, das den Himmel trägt. Die Enthauptung des Drachen kam einem Schöpfungsakt gleich, der Haus und Kosmos gleichsetzte und die Verbindung zum Himmel herstellte. Der Mittelpfosten des Hauses war die Weltachse, die Himmel, Erde und Unterwelt miteinander verband.

Bei dem Symbol der *Weltachse* handelt es sich um ein weitverbreitetes kosmologisches Bild. Nicht nur die Kelten und Germanen kannten die Weltsäule, die den Himmel trägt und den Weg zur Welt der Götter öffnet. Auch die Zikkurat der Babylonier – eine davon der sogenannte Turmbau zu Babel – waren *kosmische Berge*, die mit ihren sieben Stockwerken die sieben Planetenhimmel repräsentierten. In der islamischen Überlieferung beispielsweise ist die Kaaba in Mekka jener *höchste* Ort der Erde, der *nach oben offen* ist wie kein anderer, und für die Christen ist Golgatha der Gipfel des kosmischen Berges auf der Weltachse.

Den Ort an dem ein Tempel errichtet werden sollte, durfte der Mensch nicht frei wählen, sondern er mußte ihn *suchen*. Hierbei wiesen ihm bestimmte Zeichen den Weg. So mochte er vielleicht einem wilden Tier folgen, das sein Totemtier sein konnte, und an der Stelle, an der er es erlegte und opferte, das Heiligtum errichten. Ein Bau, egal ob Tempel oder Haus, konnte nur Bestand haben, wenn er belebt war, eine Seele besaß. Diese aber wurde ihm durch das Blut des Opfers verliehen.

Auch das christliche Gotteshaus steht auf blutigem Boden, auf dem Blut, das Gottes Sohn vergoß, um die Welt von ihren Sünden reinzuwaschen. Wer die Schwelle zu einer christlichen Kirche überschreitet, der betritt einen Raum, der ganz anders ist, als all die menschlichen Ansiedlungen um ihn herum. Es ist ein Raum von fundamentaler Sicherheit, da er in direkter Verbindung zu Gott steht und als solcher die *Orientierung* des Menschen in der Welt garantiert. Die Vorstellung, daß ein Christ einen solchen sicheren Raum, der ihm spirituelle Anbindung gewährleistet, fast überall auf der Welt betreten kann, um sich sogleich in einem vertrauten geistigen Bezugssystem wiederzufinden, ganz gleich, ob er die Sprache des Landes spricht oder ob ihm dessen Kultur zugänglich ist, hat etwas atemberaubendes.

Der im Vorangegangenen knapp zusammengefaßte mythologische Urstoff zeigt, es gibt keinen geweihten Ort, der nicht auch der rechte Ort für ein Ritual sein kann. Ihre Wohnung ist nicht weniger geeignet, als die Kirche über dem Heiligen Grab in Jerusalem, denn auch Ihre Wohnung ist wie jenes Gotteshaus im mythologischen Sinne ein Abbild des Kosmos.

Fünf magische Orte

Es wäre ein aussichtsloses Unterfangen, Ihnen eine Liste von geographischen Namen in Deutschland, der

Schweiz und in Österreich geben zu wollen, die Sie zu magischen Orten führt, die noch dazu in der Nähe Ihres Wohnortes liegen sollen. Zum einen hat die Hamburger Volkswirtin Gisela Graichen mit ihrem *Kultplatzbuch* dieses Bedürfnis für Deutschland bereits hinreichend erfüllt, und zum anderen ist es leider notwendig, solche Plätze vor unserer Konsum- und Wegwerfgesellschaft zu schützen. Die fünf «Kultplätze», die ich hier erwähnen will, sind daher allgemein bekannt und nicht auf den europäischen Raum beschränkt. Sie erfüllen eine rein illustrative Aufgabe und sollen Ihnen ein Gefühl dafür vermitteln, was einen Ort zu einem Kraftplatz macht.

Die *Insel Helgoland* ist ein nur wenigen bekanntes Naturheiligtum der Germanen. Zur Zeit, als der Heilige Willibrord (um 658–739) die Friesen bekehrte, war die vor der Elbmündung liegende Insel noch unter dem Namen «Fositesland» geläufig und ein Heiligtum des germanischen Gottes Fosite, Sohn von Baldr oder Baldur und Gott des Erntesegens und des Friedens. Aus der Heiligenvita des Friesenapostels weiß man, daß das Eiland von besonderer kultischer Bedeutung und vor allem von den Seeleuten hoch verehrt war. Zu «Heiliglant», wie es um die Jahrtausendwende genannt wurde, gehörte eine Quelle, aus der man nur schweigend schöpfen durfte. Das Heiligtum war von großer Macht und Unantastbarkeit. Heute werden an den Besucher, der hier die Energie des magischen Ortes spüren will, allerdings besonders hohe Anforderungen gestellt, da das einstige Naturheiligtum den Ansturm der Touristen nur schwer verkraftet.

Nicht viel anders ist es leider einem Ort in England ergangen, dessen magische Ausstrahlung beispiellos ist: *Stonehenge*. Dieser berühmte Steinzirkel in der Ebene von Wiltshire im Südwesten Englands besteht aus einem großen überdeckten äußeren Kreis, einem kleineren inneren, fünf in Hufeisenform angeordneten überdeckten, hoch aufrecht stehenden Steinpfeilerpaaren, einem Altar in der Mitte und einem auf der Längsachse des Hufeisens außerhalb des Kreises aufgerichteten einzelnen Stein – jedenfalls theoretisch, denn die «hängenden Steine» sind heute unvollständig. Die Ausrichtung nach Nordosten läßt auf einen Sonnentempel schließen, und tatsächlich fällt bei Sonnenaufgang am Tag der Sommersonnenwende der erste Lichtstrahl über den außerhalb stehenden Stein in die Öffnung des Hufeisens direkt auf den Altar. Aller Wahrscheinlichkeit nach übernahm der Steinkreis für die beiden Tagundnachtgleichen wie auch für die Wintersonnenwende eine ähnliche Kalenderfunktion, die läßt sich an dem immerhin wohl fast viertausend Jahre alten Monument jedoch nicht mehr sicher nachweisen. Man stellt sich vor, daß sich zu den entscheidenden Terminen die Stämme Südenglands an diesem Kraftplatz getroffen, rituelle Spiraltänze aufgeführt und Opferhandlungen vollbracht haben. Nun ist Stonehenge durch einen hohen Zaun abgeriegelt, und nur kleine Gruppen mit religiösen Zielen oder Filmteams dürfen nach vielen Anträgen das Innere des Steinkreises betreten.

Anlagen mit kalendarisch-kultischer Funktion aus der Übergangsperiode zwischen Stein- und Bronzezeit sind vor allem im keltisch beeinflußten Westeuropa weit verbreitet. Doch auch sehr viel später noch verstanden es Baumeister, Gebäuden, die auf den ersten Blick frei von religiösen Bezügen sind, den Charakter eines Sonnentempels zu geben. So entstand um die Jahrtausendwende am nördlichen Fuß der Pyrenäen die Burg Queribus, die weithin sichtbar auf einem Bergkegel mitten zwischen anderen Höhenzügen liegt. Ihre Kalenderfunktion, die auch weitentfernte landschaftliche Orientierungspunkte mit einschließt, ist inzwischen auch offiziell anerkannt. Jedoch bleiben die Hintergründe über die Erbauer – manche behaupten, es seien die Tempelritter gewesen – und ihre Ziele wohl für immer im Dunkel verborgen.

Was liegt näher, als den «kosmischen Gipfel» in einem Berg zu suchen? Was liegt dem Himmel näher, als die Spitze eines Berges? Berge mit einer göttlichen Ausstrahlung gibt es in vielen Ländern, mir aber hat es ganz besonders das *Matterhorn* an der schweizerisch-italienischen Grenze angetan. Mitten in jenem Urgebirge der Alpen erhebt sich ein alleinstehender, pryramidenförmiger Felsgipfel viertausendvierhundertsiebenundsiebzig Meter hoch. Dieses aufragende, nach oben weisende Dreieck ist eine überaus spannungsgeladene archetypische Form. Nicht nur Pythagoras hielt das Dreieck für ein Bild Gottes. Im Matterhorn wie in jedem Berg dieser Form kommt die Symbolik der Zahl drei voll zur Geltung. Die Drei galt schon früh als Synthese der Eins und der Zwei und damit als Sinnbild der Vermittlung, als Zahl des Himmels und der Verbindung zu den Göttern. Da das Dreieck darüber hinaus aus als Zeichen für Feuer gesehen wird, ist damit auch seine Qualität als Licht- und Erleuchtungssymbol impliziert. In mir weckt das Matterhorn Assoziationen von Gefahr und Tod und ein diffuses Gefühl von Angst. Aus Erfahrung weiß ich, daß es sich immer lohnt, gerade dorthin zu gehen, wovon Furcht mich abhalten will. Das bedeutet nicht, daß ich, die ich nichts vom Bergsteigen verstehe, die Besteigung des Matterhorns plane. Aber ein Ritual in seinem Schatten zu zelebrieren, ist eine reizvolle Vorstellung.

Der *Ayer's Rock* oder *Uluru*, wie ihn die Aborigines nennen, ist wahrscheinlich eines der bekanntesten Wahrzeichen Zentralaustraliens und seine größte Touristenattraktion. Vor allem aber ist er ein bedeutender Knotenpunkt für Traumzeitpfade, welche die Mitte Australiens kreuz und quer durchlaufen. Nach der Mythologie der Aborigines entstand der rote Felsen als Teil der Weltschöpfung. Zwei Jungen spielten nach dem Regen im Schlamm und schufen auf diese Weise den Uluru. Der Stamm der Mala legte in der Traumzeit aus dem Norden kommend über zweihundertachtzig Kilometer zu Fuß zurück, um am südlichen Fuß des Uluru die Initiationsriten für seine jungen Männer abzuhalten. Mit dem Osten des Uluru ist die Mythe der Kunia-Heldin Bulari verbunden, die dort ihr Kind gebar. Vagina und Schoß Bularis wurden zu einer kleinen und zu einer großen Höhle des Uluru. Das südliche Gesicht des Felsen ist geprägt vom Kampf zwischen den Stämmen Kunia und Liru.

Die Körper der Traumzeithelden, ihr Blut, der rote Ocker, mit dem sie sich zum Zeichen der Trauer bemalten, und ihre wehklagend geöffneten Münder – all das ist an der Südseite des Uluru noch immer zu sehen. Nach wie vor ist der Fels eine Stätte ritueller Aktivität und für die Aborigines von hoher sakraler Bedeutung. Sowohl der Uluru als auch der nahegelegene Katatjuta (die Olgas) wurden 1985 an die australischen Ureinwohner zurückgegeben.

Ein weiterer magischer Ort, oder man müßte genauer sagen, eine ganze Landschaft, befindet sich in der *Schotterebene von Nazca*, benannt nach einem Küstenort im südlichen Peru. Als eines der ungewöhnlichsten Zeugnisse der alten Andenkultur sind dort legendäre Gebilde und Linien riesigen Ausmaßes aus der Vogelperspektive zu erfassen. In den kahlen Hügeln und kleinen Trockentälern dieses Landstrichs existiert ein Gewirr von geometrischen Zeichen, Winkeln und Spiralen sowie eine Serie geometrisch-figürlicher Tierdarstellungen. Die Ausdehnung der Scharrbilder, in denen unter anderem eine Art Leuchter, eine Spinne, ein Affe mit Spiralschwanz, eine Eidechse, ein Fisch und ein Kolibri dargestellt werden, reicht von fünfzehn bis zu dreihundert Metern. Die riesigen schnurgeraden Linien, die sich vielfach schneiden, ziehen sich dagegen über mehr als zehn Kilometer kreuz und quer durch das Gelände.

Auf die Frage, wozu diese gigantischen Bilder gedient haben mögen, wurden die unterschiedlichsten Antworten gegeben: manche halten sie für Kalender, andere meinen, daß es sich um Landebahnen für die Raumschiffe Außerirdischer handle oder um kultische Rennbahnen. Die deutsche Mathematiklehrerin Maria Reiche hat sich die Erforschung und Dokumentation der Linien von Nazca zur Lebensaufgabe gemacht. Seit 1946 ist die wissenschaftliche Außenseiterin dem Geheimnis der Wüstenzeichen auf der Spur. Ihre Interpretation ist astronomisch-kalendarischer Art. Ich meine jedoch, daß es für solche aufwendig gebauten Denkmäler, die aus der Zeit zwischen 200 vor Christus bis 540 nach Christus stammen, nur eine Erklärung geben kann: sie müssen kultischen Zwecken gedient haben.

Vorchristliche Naturheiligtümer

Da unsere Vorfahren noch ein sicheres Gespür für die Heiligkeit eines Ortes besaßen, ist man gut beraten, wenn man ihre alten Naturheiligtümer sucht und für eigene Rituale nutzt.

Kulthöhlen beispielsweise galten als Orte, «wo Mutter Erde ihren Schoß auftut». Um die Fruchtbarkeit von Feldern, Tieren und Menschen zu erbitten, wurden hier Rituale abgehalten, welche die Göttin gnädig stimmen sollten.

Menhire, senkrecht aufgestellte, roh behauene Felsbrocken von bis zu zwanzig Metern Höhe, einzeln stehend, zu Alleen oder Steinkreisen angeordnet sind in Skandinavien, Deutschland, Frankreich und Großbritannien weit verbreitet. Sie galten als Kalendersteine und Orientierungspunkte für Astronomen, als Symbole eines Phallus- und Vegetationskultes, als Seelen- und Ahnensitz, als Opferpfahl und anderes mehr.

Sogenannte *Keltenschanzen*, von denen es insbesondere südlich von München eine bemerkenswert große Zahl gibt, dienten heiligen Handlungen, die dort von Druiden unter freiem Himmel vollzogen wurden. Im Inneren der Vierecksschanze, die in bewußter Abgeschiedenheit von den Siedlungszentren in eigens gerodeten Waldlichtungen lagen, befanden sich Eichenhaine. Die Eiche war den Kelten heilig, und ihre Priester wurden nach ihrem Wissen über den Baum als «Eichenkundige», als Druiden, bezeichnet.

Heilige Quellen spielten für den Menschen der Jungsteinzeit und der Bronzezeit ebenfalls eine wichtige Rolle. Die an solchen Plätzen archäologisch geborgenen Opfergaben stammen vorwiegend von Frauen und lassen deshalb darauf schließen, daß dort vor allem Muttergottheiten verehrt wurden.

Quellen scheinen überhaupt der Urkultplatz schlechthin zu sein. Aus der dunklen, harten, toten Erde entspringt etwas Klares, Flüssiges, Lebensspendendes; welches Göttergeschenk könnte wertvoller sein und mit größerer Dankbarkeit empfangen werden? Die Quelle und das aus ihr hervorsprudelnde Wasser ist Symbol für so vieles, was im Menschen verborgen liegt und an die Oberfläche drängt. Alle Religionen haben sich ihrer als Bild bedient. Viele christliche Kirchen wurden über Quellen errichtet, die schon lange zuvor Kultplätze gewesen waren. So steht die Kathedrale von Chartre angeblich nicht nur auf vierundvierzig Quellen, ihre Krypta birgt auch einen dreiunddreißig Meter tiefen keltischen Schachtbrunnen und die Reste eines kleinen Heiligtums.

Persönliche Kraftorte

Bei der Wahl eines alt-geweihten Ortes für Ihr Ritual gilt es allerdings zu beachten, daß ein Platz, an dem viele hundert Jahre lang heilige Handlungen zelebriert wurden, diese Energien speichert (auch eine Wohnung wird durch seine Bewohner energetisch gefärbt). Sensible Menschen vermögen diese meist sehr subtilen Energien zu spüren und Aussagen über die Art der Zeremonien zu machen, die an einem solchen Ort abgehalten wurden.

Daß die Ausstrahlung solch starker Plätze Auswirkungen auf Ihr Ritual haben kann, ist naheliegend. Sie werden sich anfangs jedoch schwer tun, darüber zu entscheiden, ob Ihr Ritual durch sie unterstützt oder eher ungünstig beeinträchtigt wird. Daher rate ich Ihnen, sich zunächst eigene Plätze zu suchen. Wenn Sie ausreichend Erfahrungen mit deren Energie gesammelt haben, können Sie sich immer noch solchen vorgeprägten Kraftplätzen zuwenden, wie ich sie zuvor beschrieben habe, oder wie sie in den einzelnen Bänden der Buchreihe «Magisch Reisen» geschildert werden.

Es gibt einige Anhaltspunkte, die Sie darin unterstützen, Ihre ganz persönlichen Ritualplätze zu finden. Denken Sie aber daran, die Exotik des Platzes macht Ihr Ritual nicht besser oder schlechter, als es in seiner Substanz und vor allem in Ihrer Einstellung zu ihm bereits ist. Manche Menschen heiraten auf einem Schiff im Atlantik, in einem Airbus in zehntausend Metern Höhe, an den Niagara Fällen oder in Gretna Green und hoffen, daß ihre Bindung durch die zusätzliche Romantik von längerer Dauerhaftigkeit sein möge. Doch der rechte Ort ist nur *ein* Mosaikstein Ihres Rituals.

Wenn Sie gerne Spaziergänge machen, dann sind Ihnen auf Ihren Wanderungen gewiß schon Stellen aufgefallen, die irgendwie «merkwürdig» sind und Sie immer wieder anziehen: verschwiegene Waldlichtungen, kleine Hügel, auf denen ein einsamer Baum oder eine Kapelle steht, Stellen, an denen drei Wege aufeinander treffen, Gehölze, wo Sträucher und Bäume grundlos von der Mitte fortwachsen, Quellen, versteckte Bachläufe, Findlinge, verlassene Friedhöfe, Höhlen. Ein Platz, zu dem Sie sich hingezogen fühlen, der starke Gefühle in Ihnen auslöst, kann bereits der richtige Ort für Ihr Ritual sein.

Ortsnamen geben häufig Hinweise auf vorchristliche Kultstätten. Thorsberg (der Berg des Gottes Thor), Helligbek (Heilig-ort), Thiesholz (der Wald des Gottes Tyr) deuten auf alte germanische Gottheiten hin, und auch bei Ortsnamen, die mit Frauen-, Marien-, Hexen-, Teufel-, Höll-, Hel- oder Tanz- beginnen oder mit -born (Quelle) enden, lohnt es sich, sie auf ihre Eignung hin zu überprüfen. Märchen und Sagen der Region können Ihre Aufmerksamkeit auf weitere geheimnisvolle Orte richten.

Das Ziehen des Kreises

Das Ziehen des Kreises ist eine sehr alte, nicht nur magische Tradition: Römische Gesandte zogen in der Fremde mit ihrem Wanderstab einen Kreis um sich, um ihre Unantastbarkeit zu kennzeichnen, die Babylonier streuten einen Kreis aus Mehl um das Bett eines Kranken, um Dämonen und böse Geister am Eindringen zu hindern, und noch im Mittelalter war es weithin üblich, eine gebärende Frau auf die gleiche Weise zu schützen. Der Kreis ist ein vollkommenes Symbol für die Geschlossenheit. Er schützt, was er umschließt und grenzt das Nichtzugehörige aus.

In den Magiebüchern der Alten Religion oder des Hexenkultes finden sich zahlreiche Beschreibungen, wie ein magischer Kreis zu ziehen sei. In diesem Buch wird er als einfache vorgeschlagen, um einen geweihten Ritualraum herzustellen. Jedoch, so einfach die Methode auch sein mag, sie erfordert dennoch die für alle Rituale und Ritualelemente notwendige Konzentration und Hingabe.

Stellen Sie sich grundsätzlich mit dem Gesicht nach Osten und ziehen mit einem Stab (oder einem Schwert) einen großen Kreis im Uhrzeigersinn um sich herum. Auf Sandboden wird sich die Linie gut abzeichnen. In Ihrer Wohnung oder auf glattem Untergrund können Sie entweder Kreide oder ein Seil nehmen. Auch eine gedachte Kreislinie erfüllt den Zweck, verlangt aber größeres Einfühlungsvermögen und etwas mehr Übung. Wenn Sie den Kreis erst ziehen und dann betreten wollen, dann achten Sie darauf, daß Sie ihn an einer Stelle offen lassen und erst schließen, nachdem Sie sich in seinem Inneren befinden. Eine zweite, äußere Kreislinie ist denkbar, wenn Sie in den so entstandenen Ring Namen von Schutzgeistern und -heiligen schreiben oder bestimmte Kräuter legen wollen.

4. KAPITEL

Die rechte Zeit

In der Zeit offenbart sich eine archetypische, grundlegende Erfahrung der Menschheit, die ursprünglich als Gottheit oder als dessen Manifestation erlebt wurde. So kennen wir den ägyptischen Gott Hah, der für die Unendlichkeit der Zeit steht, den persischen Zeitgott Zervan, die indische Göttin Kali als Zerstörerin der Zeit und den griechischen Chronos-Kronos. Nicht nur bei den Mayas und Azteken, auch bei den Hellenen standen Zeitabschnitt, Weltalter, Jahr, Monat, Woche, Tag und Stunde unter der Herrschaft einer je eigenen Zeitgottheit.

Als Grundlage für die Wahl des rechten Zeitpunkts möchte ich das mächtige Symbol Zeit unter dem Aspekt der spirituellen Entwicklung des Menschen in der Zeit und unter jenem seines Zeitempfindens betrachten. Sodann werden die kalendarischen Riten im Mittelpunkt stehen.

Entwicklung in der Zeit

Am Anfang der Zeit, als die Jagd die vorrangige Überlebensquelle war, lebte der steinzeitliche Mensch aufs engste mit den verschiedenen wilden Tierarten zusammen. Die Tiere zeigten ihm durch ihre Lebensweise die Mächte und Ordnung der Natur; in spiritueller und ökologischer Hinsicht waren sie seine Lehrmeister. In den Stämmen gaben sich die Menschen Tiernamen, wählten sich ein Tier als Totem zu ihrem Schutz aus und trugen Tiermasken in ihren Ritualen.

Später, als der Ackerbau überwiegte und die Nahrungspflanzen an Bedeutung gewannen, spiegelte sich dieser Umstand ebenfalls im religiösen und kultischen Gebaren des Menschen wider. Die Zyklen der Pflanzenwelt, wo das Leben offenbar dem Tode entsprang, wurden auf den Menschen übertragen, und es entstand der Urmythos von einem Gott, der seinen Körper hingab und ihn töten, zerschneiden und begraben ließ, damit die eßbaren Pflanzen als Nahrung für den Menschen entstanden. Jährlich wurde zur Sicherung der Fruchtbarkeit der Gottkönig rituell getötet, geopfert und wohl auch verspeist.

Als vor über fünftausend Jahren im Zweistromland die Stadtstaaten entstanden und eine kulturelle Blüte erlebten, verlagerte sich der Schwerpunkt der Faszination und das Vorbild für die Gesellschaft von der Erde und den Pflanzen- und Tierreichen in den Himmel. Die Astronomen hatten beobachtet, daß sich die sieben himmlischen Mächte – Sonne, Mond und die fünf sichtbaren Planeten Merkur, Venus, Mars, Jupiter und Saturn – in berechenbaren Abständen durch die fixen Sternbilder bewegen. Die neu erkannte kosmische Ordnung gab hinfort das Vorbild für die irdische Gesellschaftsordnung ab.

Joseph Campbell, der amerikanische Mythenforscher, und Leo Frobenius (1873–1938), der deutsche Afrikanist, kommen beide zu dem Schluß, daß «unser unmittelbarster geheimnisvoller Nächster heute nicht das Tier oder die Pflanze ist, noch ist uns weiterhin die Himmelskuppel mit ihren wunderbar umlaufenden Lichtern das Nächste», denn wir haben Planeten und Himmel durch unsere Wissenschaft entmythologisiert. Im Zentrum des Interesses steht seit der Zeit Homers und den Tragödien der großen griechischen Dichter der Mensch selbst. «Der Mensch als ein Du, als Nächster», wie Campbell schreibt, «also nicht wie *ich* ihn haben will oder mir einbilde, ihn zu kennen und ihm nahe zu sein, sondern an sich, als ein geheimnisvolles und wunderbares Wesen.»

Das Göttliche wird nicht mehr länger im Außen gesucht, sondern in den Tiefen des individuellen wie des kollektiven Unbewußten.

Zeitempfinden

Die Vorstellung von der Zeit als etwas Umfassendem war nie für alle Kulturen gleich. Die Hopi-Indianer beispielsweise besitzen in ihrer Sprache nicht die Unterscheidung von Vergangenheit, Gegenwart und Zukunft, wie wir sie kennen. Ihre Zeitvorstellung gliedert sich in zwei Grundaspekte: in einen manifesten und daher als objektiv empfundenen und in einen noch zu manifestierenden und daher subjektiven Aspekt. Dazwischen liegt lediglich ein schmaler Bereich, in dem die Tendenz zur einen oder anderen Seite hin bereits zum Ausdruck kommt.

Auch der Mensch als einzelnes Individuum bewertet und erlebt Zeit im Laufe seiner Entwicklung nicht immer auf die gleiche Weise. Kinder vermögen, lange bevor sie ein Gefühl für Zeit entwickeln, sehr genau deren Rhythmus, Geschwindigkeit und Frenquenz zu unterscheiden. Das Zeitempfinden ist also weder auf der Ebene der Völker noch im Lebenslauf eines Menschen universal.

Tatsächlich, so fand Albert Einstein (1879–1955) heraus, ist Zeit sogar als Parameter in der angewandten Physik nur relativ. «Es war eine bemerkenswerte Koinzidenz,» ergänzt Marie-Louise von Franz, «daß C.G. Jung, als die Physiker die Relativität der Zeit entdeckten, in der Erforschung des menschlichen Unbewußten zu ähnlichen Ergebnissen gelangte: Auch im Bereich der Träume ist die Zeit relativ und verlieren die Begriffe von ‹vorher› und ‹nachher› ihre absolute Bedeutung. In den noch tieferen ‹archetypischen› Schichten des Unbewußten verschwindet die Zeit scheinbar völlig. Die Menschen haben dies irgendwie schon immer gewußt; denn in der ganzen Welt gibt es Erzählungen, in denen jemand in das Reich der Zwerge, der Elfen, der Toten oder ins Paradies geht und einen Abend oder eine Nacht dort verbringt: wenn er zurückkehrt, sind alle seine Zeitgenossen tot, das Dorf besteht nicht mehr, nur ein Gerücht, daß ein Mensch vor mehr als hundert Jahren verschwunden sei, besteht noch. Washington Irvings *Rip van Winkle* ist ein berühmtes Beispiel dieser Art.»

Neben unserem nicht universalen zeitlichen Empfinden und über ihre physikalische Relativität hinaus, hat die Zeit zwei weitere, einander widersprechende Aspekte: wir verstehen sie sowohl als linear wie auch als zyklisch. Beide Sichtweisen stehen in engem Zusammenhang mit den zwei früheren Lebensformen des Menschen.

Der Jäger folgte dem Wild, das er, wie sich selbst, dem Prozeß des Alterns und schließlich dem Tod unterworfen sah. Daher hatte die Zeit für ihn todbringenden Charakter und sein lineares Zeitverständnis manifestierte sich in seiner Götterwelt oft in angstmachenden Bildern des Allesverschlingers. Der Ackerbauer säte und erntete nach dem Gebot des Jahreszyklus. Für ihn brachte die Zeit im Frühjahr Leben und im Herbst den Tod, jedoch nur scheinbar, denn im darauffolgenden Jahr würde der Zyklus von neuem beginnen. Die Erkenntnis über den Zusammenhang zwischen Wachstum und Sonne förderte in vielen Kulturen zudem den Sonnenkult.

Linearer und zyklischer Aspekt der Zeit waren jedoch nicht auf die Betrachtung eins oder mehrerer Jahre beschränkt, sondern betrafen die kosmische oder die Zeit des Universums an sich. Beide Vorstellungen existierten früher wie heute gleichberechtigt nebeneinander, und von jeher wurde der Versuch unternommen, sie miteinander in Einklang zu bringen. Lineare und zyklische Zeit zusammen aber ergeben als Symbol die Spirale. Und die Spirale hat sowohl C.G. Jung als auch Georg Iwanowitsch Gurdjieffs (1866–1949) – in seiner Lehre vom Enneagramm – als Symbol für den Prozeß der Entwicklung des Selbst gesehen.

Der Mond

Der erste Himmelskörper, dessen Unterwerfung unter einen kosmischen Rhythmus der Mensch erkannte, war der Mond. Seine Phasen boten ihm ein objektives Zeitmaß, an dem er sich orientierte und das auch heute noch als Grundlage für den Kalender beispielsweise der Juden wie der Araber dient.

In manchen Mythologien wird der Mond als männlich gesehen, weiter verbreitet ist jedoch die Projektion eines weiblichen Wesens oder einer Urmutter in den Erdtrabanten. Der Umstand, daß der Mond selbst kein Licht ausstrahlt, sondern passiv jenes der Sonne empfängt, seine Beziehung zum Monatszyklus der Frau und seine Phasen erklären die kulturübergreifende Assoziation mit dem Weiblichen. Mit den Mondphasen wird darüber hinaus die Vorstellung von Geburt und Tod, von Sterben und Wiederauferstehen, von Wachstum und Fruchtbarkeit wie auch vom Schicksal verbunden.

Der Schicksalsfaden wird nach der Vorstellung der Irokesen von einer im Mond sitzenden Weberin verwoben. Webstuhl, Spindel und Garnknäuel sind auch in anderen Erdteilen Attribute der Mond-Mutter-Göttin. Im Christentum wurde dieses Bild auf die Jungfrau Maria übertragen – die Mondgöttin, welche die Sonne (Christus) zur Welt bringt –, und es gibt daher zahlreiche vor allem mittelalterliche Abbildungen und Figuren, in denen sie mit Garnknäuel oder Spindel dargestellt wird.

Viele andere Symbole werden mit dem Mond in Zusammenhang gebracht. So wird die Mondgöttin Artemis oft mit einem Hund an ihrer Seite gezeigt. Die sich häutende Schlange, der Frosch, der unter der Wasseroberfläche verschwindet und wieder auftaucht, der Winterschlaf haltende Bär und die Spinne, welche die Schicksalsfäden der Menschheit kunstvoll zu einem Netz verwebt, sind weitere Beispiele aus dem Tierreich. Als Farbe und Metall sind dem Mond das Silber zugeordnet, als «Mondsteine» gelten Perlen, Opal, Selenit und Perlmutt. Das Element des Mondes ist das Wasser, über das in vielen Totenkulten eine Barke oder ein Schiff die Gestorbenen ins Jenseits oder ins Licht fährt. Der Tau ist die Milch des Mondes, mit dem er alles Lebendige nährt.

Der Mond beeinflußt mit seinem Rhythmus neben den Gezeiten der Meere und dem Menstruationszyklus der Frau zahlreiche andere Phänomene der Natur. In früheren Zeiten hat man gewußt, daß der Erfolg eines geplanten Unternehmens nicht nur vom Vorhandensein der nötigen Fähigkeiten und Hilfsmittel abhängig ist, sondern entscheidend auch vom richtigen Zeitpunkt des Handelns. Wenn sich jetzt wieder mehr Menschen für diese Zusammenhänge interessieren, dann ist das vor allem Johanna Paungger zu verdanken, die mit ihren beiden Büchern *Vom richtigen Zeitpunkt* und *Aus eigener Kraft* dieses alte Wissen der Allgemeinheit wieder zugänglich gemacht hat.

Für Ihre Ritualarbeit lassen sich im Zusammenhang mit dem Mond drei Möglichkeiten ableiten. Erstens könnten Sie Rituale schaffen, mit denen Sie den Mond selbst in einer seiner drei Phasen würdigen und um seine Segnung bitten. Zweitens ist es möglich, ein lebenslauforientiertes oder ein sachgebundenes Ritual im Verlauf der Mondphasen so zu feiern, daß die wachsende oder abnehmende Kraft des Mondes Ihr Ritualziel unterstützt. Dies hängt mit dem Stand des Mondes in einem der zwölf Sternzeichen des Tierkreises zusammen und erfordert umfangreiche Erklärungen. Ich verweise Sie deshalb nochmals auf die Bücher von Johanna Paungger. Drittens bietet es sich an, die Kraft des Mondes in Gegenstände hinabzuziehen, die Sie in Ihrer Ritualarbeit verwenden. Am besten sind für diesen Zweck vor allem Wasser aber auch Edelsteine geeignet.

Wenn Sie nun die erste Möglichkeit in Betracht ziehen und eine rituelle Mondfeier abhalten wollen, dann können Sie sich der folgenden einfachen Anregungen bedienen. Sie bereiten sich auf Ihre Vollmondzeremonie durch eine Reinigung vor, auf deren Grundprinzip ich im letzten Kapitel eingehe. Zur Eröffnung Ihres Rituals bereiten Sie den Raum vor, indem Sie den magischen Kreis ziehen. Bringen Sie ein Symbol für jedes der vier Elemente Erde, Feuer,

Wasser und Luft mit in Ihren Kreis. Beispielsweise wäre für Erde Reis oder weiße Bohnen, für Feuer eine weiße Kerze, für Wasser weißer Wein und für Luft Weihrauch denkbar. Weiß beziehungsweise Silber sind die Farben des Mondes, und mit den vier Elementen stehen Ihnen die richtigen Opfergaben zur Verfügung, die Ihre fünf Sinne ansprechen. Bieten Sie dem Mond jede Ihrer Gaben als Opfer an und bitten Sie bei jeder einzelnen um seinen Segen für Sie und die übrigen Ritualteilnehmer. Dann essen Sie einige Körner, spüren die Hitze der Flamme, nehmen einen Schluck, atmen den Duft ein und reichen das Gefäß oder den Gegenstand an Ihren Nachbarn weiter. Was übrig bleibt, verstreuen oder verteilen Sie als Opfer an den Mond in alle vier Winde. Schließen Sie Ihr Ritual nicht, ohne zu danken.

Die Sonne

Die Sonne als das Taggestirn stand und steht für den Menschen unter allen Himmelserscheinungen an erster Stelle. Wie der Mond, so ist auch die Sonne zwei Zyklen unterworfen: sie ist tagsüber sichtbar und nachts unsichtbar, und die Sonnenstrahlung verändert während des Jahreslaufes ihre Intensität, Dauer und Wärme.

In der Mythologie vieler Völker wird die meist männlich gedachte Sonne als göttliches Wesen verehrt. Der abendliche Sonnenuntergang und das Kürzerwerden der Tage von der Sommersonnenwende an werden als Symbol für Tod und Unheil gesehen, während der morgendliche Sonnenaufgang und das Längerwerden der Tage von der Wintersonnenwende an mit Auferstehung und Leben assoziiert werden. Daraus entsteht zwangsläufig die Vorstellung, der Sie in ähnlicher Form nun schon mehrmals begegnet sind: der Tod der Sonne ist die nötige Voraussetzung für die Geburt des Lebens.

Die tägliche Reise der Sonne über das Firmament veranlaßte unsere Vorfahren, den Sonnenlauf mythisch-symbolisch als Vogelflug, Wagen- oder Schiffahrt aufzufassen. Daher werden Adler und Falke oder weiße Pferde, die den Sonnenwagen ziehen, und das Rad mit und ohne Speichenkreuz als Symbol für die Sonne eingesetzt.

Das Fabelwesen Phönix, der Hahn, der den Sonnenaufgang begrüßt, Widder, Hirsch und Stierkalb als Geweihe oder Hörner tragende Tiere, der Löwe, der wie die Sonne nie schläft und der ägyptische Skarabäus, der die Dungkugel vor sich herschiebt wie der Gott die Sonne, sie alle waren Verbildlichungen der Sonne. Als Farbe und Metall sind der Sonne das Gold zugeordnet. Als Edelsteine werden Diamant, Rubin, Topas, Chrysolith und Hyazinth genannt. «Traditionell ist die Sonne für Könige, väterliche Autorität, für die Stellung des Menschen in der Welt, für Ruhm und Sieg und das Herz verantwortlich, für Willenskraft und Vitalität» (Hans Biedermann).

Für Ihre Ritualarbeit lassen sich im Zusammenhang mit der Sonne zwei mögliche Vorgehensweisen ableiten. Zum einen können Sie, wie bereits im Fall des

Mondes beschrieben, ein Ritual zelebrieren, in dem Sie die Sonne würdigen und um ihren Segen bitten. Dies können Sie entweder an einem beliebigen Sonnentag tun oder aber an jenem 22. Juni, an dem die Sonne in unseren Breitengraden am längsten scheint. Zum anderen ist es möglich, daß Sie die vier Scheitelpunkte im Jahr zum Anlaß Ihrer Rituale machen.

Wenn Sie sich für die erste Möglichkeit entscheiden und die vier rituellen Sonnenfeste begehen wollen, dann könnten Sie sich der folgenden einfachen Anregungen bedienen. Bereiten Sie sich durch eine Reinigung auf die Zeremonie, die Sie möglichst an einem besonderen Platz im Freien abhalten sollten, vor. Wählen Sie neben dem rechten Tag auch die rechte Stunde. Gut geeignet ist insbesondere die Zeit des Sonnenaufgangs. Ziehen Sie den magischen Kreis und markieren Sie an seinem Rand die vier Himmelsrichtungen. Lassen Sie sich in seiner Mitte nieder, um sich auf Ihr Vorhaben einzustimmen. Ihr Ziel ist es, mit Ihrem Ritual die Jahreszeit einzuleiten, die mit jenem der vier Wendetage beginnt, den Sie zu Ihrem Zweck ausgewählt haben. Erweisen Sie mit einem Opfer an den Norden, Süden, Westen, Osten und an die Mitte der Erde Achtung und Dank. Die folgenden Symbole sind mit den Himmelsrichtungen verbunden:

	Norden	*Süden*	*Westen*	*Osten*
Jahreszeit	Winter	Sommer	Herbst	Frühling
Tageszeit	Nacht	Mittag	Abend	Morgen
Element	Erde	Wasser	Feuer	Luft
Farben	weiß	rot	orange	gelb
	silber			
Pflanzen	Birke	Heckenrose	Fichte	Löwenzahn
Tiere	Schneegans	Braunbär	Rabe	Habicht
	Puma	Specht	Elch	Hirsch
Minerale	Quarz	Karneol	Jaspis	Feueropal
	Silber	Eisen	Kupfer	Moosachat

Die Mitte, der Sie hier huldigen, ist natürliche die Seele, sowohl Ihre eigene als auch die der Welt. Ihr Symbol ist der Äther. Ihr sollten Sie etwas opfern, das Ihnen viel bedeutet..

Bitte betrachten Sie diese Zuordnungen nicht als zwingend sondern lediglich als Anregung für Ihre Arbeit. Sie ist nur eine von unzähligen Möglichkeiten und kann schon deshalb nicht universal sein, weil Tier- und Pflanzenwelt von Kontinent zu Kontinent variieren. (Die hier vorgestellte Zuordnung folgt der eines nordamerikanischen Indianerstammes.) Für Ihr Ritual ist entscheidend, was Sie mit den Himmelsrichtungen assoziieren. Auch wird hier nicht von Ihnen verlangt, daß Sie einen Hirsch oder eine Birke opfern sollen. Es ist vollkommen ausreichend, wenn Sie einen gezeichneten Hirsch und einen Birkenzweig oder ein Birkenblatt hingeben.

Nachdem Sie sich in der Mitte des Kreises vor Ihren Gaben sitzend auf Ihr Ritual eingestimmt haben, wenden Sie sich als erstes der Himmelsrichtung zu, die in Verbindung mit der Jahreszeit steht, die Sie einleiten wollen. Strecken Sie ihr Ihre Opfergaben entgegen. Danken Sie der Himmelsrichtung laut für die Gaben, mit denen sie Sie beschenkt und bitten Sie um ihren Segen. Dann wenden Sie sich im Uhrzeigersinn auch den übrigen drei zu und beenden Ihr Ritual mit der Mitte. Verweilen Sie noch einen Augenblick schweigend und verlassen Sie den Platz, ihre Gaben dort zurücklassend.

Persönliche Kraftzeit

Die Frage nach der rechten Zeit für eine Handlung oder Entscheidung hat die Menschheit schon immer beschäftigt. In China wurden für die terminliche Bestimmung wichtiger Ereignisse Astrologen herangezogen, anderswo wurden Tage gewählt, die dem Gott der geplanten Handlung heilig waren. So galten Dienstage und Donnerstage für eine Hochzeit als besonders geeignet, weil sie den Göttern Tiu und Donar, die der Ehe wohlwollend gegenüberstehen, geweiht waren. Hingegen waren Fasten- und Adventstage wie auch die Wochentage Mittwoch und Freitag verpönt. Die Trauung sollte, um sicher zu gehen, am besten bei zunehmendem Mond stattfinden, damit Glück und Reichtum der Neuvermählten in ähnlicher Weise zunehmen würde wie die Mondsichel.

Wir lächeln heute über solchen Aberglauben, aber

dennoch ist es nicht egal, welchen Tag wir für unsere Rituale wählen. Die Tage, mit denen Sie persönlich in Beziehung stehen, sind es, die sich für ein lebendiges Ritual eignen. In vielen Kulturen gibt es neben den kalendarisch festgelegten Tagen, wie ich einige beschrieben habe, persönliche Krafttage. Sie betreffen meist den Zeitpunkt, an dem ein Mensch eine bestimmte Sache, die für seine Entwicklung bedeutsam ist, zum ersten Mal getan oder erfahren hat. So wird beispielsweise der erste Zahn, das erste Wort, der erste Schultag und ähnliches rituell verankert. Warum sollte man auf diese Weise nicht auch die erste Menstruation, den ersten Kuß, den ersten Tag an der Uni, den ersten Arbeitstag jedes Jahr neu mit einem kleine Ritual feiern? Ein solcher persönlich gefeierter Krafttag ist mehr wert als das Festhalten an oft leeren kirchlichen Feiertagen.

Das Ritual vereinigt in sich viele formgebende Elemente. Man mag das für einen Widerspruch halten, aber oft bewirken gerade sehr anspruchsvolle Formen eine Ausdruckskraft und Spannung, die ohne Form nicht möglich wären.

5. KAPITEL

Der Ablauf des Rituals

Nun besitzen Sie ein ausreichendes Rüstzeug, um selbst Rituale zu schaffen. Entscheidend ist aber Ihre Einstellung und die Ernsthaftigkeit der Gäste, die Sie zu Ihrer Zeremonie eingeladen haben. Sie selbst, Ihre Freunde, der Ort und die Zeit, Sie alle sind bereit, dem Ritual Ihren Beitrag zu schenken und seine Gaben zu empfangen.

Anfang und Ende

Beginnen Sie jedes Ritual, egal ob es sich um ein sachgebundenes, ein lebenslauforientiertes Ritual oder um einen kalendarischen Ritus handelt, für sich selbst und für die anderen Teilnehmer mit einer Reinigung. Dies tun Sie nicht, um sichtbaren Staub von sich abzuwaschen, sondern um sich von den Gedanken und Handlungen des Alltags zu reinigen. Je freier Sie sich vom äußeren Raum gemacht haben, desto tiefer können Sie durch das Ritual in Ihren inneren Raum vordringen.

Wasser ist das einfachste und stärkste Mittel der Reinigung. Es symbolisiert alle Möglichkeiten der Existenz, es geht jeder Form voraus und trägt jede Schöpfung, denn es ist das vor allen anderen geschaffene Element. Das Eintauchen in Wasser symbolisiert die Rückkehr ins Formlose, in den Urgrund und das Absinken ins Unbewußte. Mit dem Auftauchen wiederholen Sie den kosmogonischen Akt der Formwerdung. Sie haben Ihr Alltags-Ich getötet, um rein wiedergeboren zu werden. Darüber hinaus macht das Eintauchen in Wasser (spirituell) fruchtbar und vervielfältigt Ihr Lebenspotential. Taufen, Trankopfer oder rituelle Frühjahrsbäder gehen in ihrer Symbolisierung eines freiwilligen oder Initiationstodes auf die Sintflut zurück, die kein endgültiges sondern nur ein vorübergehendes Auslöschen bedeutet, aus dem neues Leben oder ein neuer Mensch hervorgeht.

Sie müssen nicht mit Ihrem ganzen Körper eintauchen. Auch ein zeremonielles Hände- oder Füßewaschen erfüllt den Zweck der Reinigung. Wenn Sie jedoch im Freien zelebrieren und Ihren Ritualplatz in der Nähe eines Sees oder Flusses gewählt haben, werden Sie selbst den Wunsch verspüren, Ihre Feier mit einem rituellen Bad zu beginnen.

Haben Sie den Entschluß gefaßt, Rituale zu einem festen Bestandteil Ihres Lebens zu machen, dann beginnen Sie mit dem zeremoniellen Händewaschen. Zu diesem Zweck sollten Sie eine besondere Schale besitzen, die Sie an einem ausgewählten Ort mit Ihren gegenständlichen Symbolen aufbewahren.

Wenn Sie mit der Reinigung beginnen wollen,

dann breiten Sie vor sich auf dem Boden ein für diesen Zweck geweihtes Tuch aus und stellen Ihre Schale neben einen mit Wasser gefüllten Krug. Ich rate Ihnen, die Waschung in kniender Haltung vorzunehmen. Sie suchen die Verbindung mit einer Kraft, die über Ihnen steht. Da ist Demut angemessen. Auch erleichtert Ihnen diese Haltung zu einer meditativ ruhigen Einstellung zu finden, die dem Ritual förderlich ist.

Sie knien also vor Schale und Krug und geben einige Tropfen eines ätherischen Öls, beispielsweise Minze oder Eukalyptus, in das Wasser des Kruges. Dann schließen Sie die Augen und besinnen sich auf den Anlaß Ihres Rituals. Der Duft des Öls wird Ihnen einen Vorgeschmack auf die Reinigung geben. Nach einer Weile öffnen Sie die Augen, ergreifen den Krug mit beiden Händen und gießen seinen Inhalt langsam und vorsichtig in die Schale. Sie stellen den Krug ab, tauchen Ihre Hände ins Wasser und formen mit ihnen ein Gefäß. Schöpfen Sie Wasser und lassen Sie es plätschernd in die Schale zurückfließen. Nun sind Sie sehend, riechend, hörend und fühlend an Ihrer Reinigung beteiligt. Die Beteiligung aller fünf Sinne ist für jedes Ritual eine wichtige Voraussetzung.

Wiederholen Sie das Schöpfen des Wassers dreimal und sprechen Sie dabei die Worte: «Wasser des Lebens, das ich schöpfe, reinige mich.» Es muß nicht unbedingt genau dieser Satz sein. Wählen Sie eigene Ausdrücke, die Ihnen angemessener erscheinen.

Es ist möglich, die Wirkung des Wassers zu verstärken, indem Sie es in der Nacht zuvor dem Licht des Vollmonds ausgesetzt haben. Sie geben Ihrer Reinigung so eine speziell weibliche Kraft, denn der Mond wird von altersher mit dem Weiblichen assoziiert.

Nachdem Sie den Vorgang dreimal wiederholt haben, gießen Sie das Wasser genauso langsam und achtsam wie zuvor wieder in den Krug zurück und bedanken sich für den Dienst des Wassers (und des Mondes, wenn Sie seine Kraft in Anspruch genommen haben). Dann erheben Sie sich und gehen zum eigentlichen Ritual über. Mit dem Wasser können Sie später in Erinnerung an Ihr vollzogenes Ritual mit einem Gefühl von Dankbarkeit Ihre Blumen oder Pflanzen gießen.

Auch der Abschluß kann grundsätzlich bei allen Ritualen ähnlich ablaufen. Abschlußzeremonien haben die Aufgabe, die Teilnehmer in die Realität des Alltags zurüchzuführen und zu erden. Insbesondere dann, wenn Sie im Verlauf des Rituals tiefe emotionale und spirituelle Erfahrungen gemacht haben, ist dieser abschließende Schritt besonders wichtig.

Der zweite, ebenso bedeutsame Aspekt der Abschußzeremonie ist der Dank an das Göttliche. Jedes Ritual ist in gewissem Sinne ein Akt der Unterwerfung unter oder das Aufgeben eines Teils des eigenen Selbst an das Göttliche. Malidoma Somé, jener Ritualmeister aus Burkina Faso, den ich schon weiter oben zitierte, vertritt die Auffassung: «Alles, was ohne den Segen der Götter geschaffen wird, ist krank. Dank und Bitte an die Götter bedürfen eines so geringen Einsatzes, daß sie täglich erfolgen sollten, vor allem der Dank.»

James Roose-Evans beschreibt in seinem Buch *Passage of the Soul*, eine Abschlußzeremonie, die er das «Shinto-Abschlußritual» nennt und bei Gruppen und Seminaren, die er leitet, einsetzt. Hierbei stehen die Teilnehmer in einem Kreis mit dem Gesicht nach innen. Bewußt nehmen sie den Raum wahr, den sie umschließen, und der die vorangegangene Ritualarbeit symbolisiert. Dann nimmt jeder einzelne langsam dem Körper entlang die Arme nach oben über den Kopf, wo sich die Handflächen berühren. Mit aneinandergelegten Handflächen machen nun alle Mitglieder der Gruppe gleichzeitig eine tiefe Verbeugung vor diesem «Ritualkörper», den sie gemeinsam geschaffen haben und nun in ihrer Mitte spüren. Ihre Verbeugung symbolisiert ihre Hochachtung vor den Erfahrungen, die sie gemacht haben, ihren Dank an das Göttliche, den Ritualleiter und die übrigen Teilnehmer sowie den Abschied. Dann wenden sie sich um, der Außenwelt zu. Die Ritualerfahrung steht nun hinter ihnen und stärkt ihnen den Rücken im Alltag, in dessen Angesicht die Teilnehmer nun erneut blicken.

Es versteht sich von selbst, daß die Qualität dieser kleinen Abschiedszeremonie mit der Qualität der Verbeugung steht und fällt. In asiatischen Ländern hat die Verbeugung einen ganz anderen Stellenwert als bei uns, wo sie kaum eine Rolle spielt. Europäer assoziieren mit ihr im allgemeinen Dienen, Unterwerfung und Selbsterniedrigung. Wenn es Ihnen jedoch gelingt, sich von diesen überkommenen Vorstellungen zu befreien, dann gewinnen Sie eine Geste zurück, die Achtung und Anerkennung für den Anderen (oder das Andere) ausdrückt und auch im tagtäglichen Umgang mit Menschen Anwendung finden kann. Vor allem dann, wenn man sich daran erinnert, daß unser Händeschütteln seinen Ursprung in einem aggressiven Verhaltensrepertoir hat: Ich zeige meine leere, unbewaffnete Kampfhand und überlasse sie sogar meinem Gegenüber, der auch ein Gegner sein könnte.

Ein idealer Abschluß eines Rituals, das zu mehreren gefeiert wird, kann auch ein gemeinsam eingenommenes Mahl sein. Es hilft, die einzelnen Teilnehmer, die ja unterschiedlich starke Erfahrungen gemacht haben können, wieder auf die Erde zurückzubringen.

Für den Fall, daß Sie Ihr Ritual allein feiern, ist ein solcher Schlußpunkt weniger gut geeignet. Es bietet sich dagegen an, das Aufräumen Ihrer Ritualgegenstände so zu zelebrieren, daß dieser Vorgang selbst zum Ritual wird. Beginnen Sie damit, daß Sie eine Kerze, die Sie vielleicht eingangs angezündet haben, nun in einem symbolischen Akt löschen und dazu sagen: «Mit dieser Handlung beschließe ich das Ritual.» Dann legen Sie alle Dinge, die Sie im Verlauf Ihrer Zeremonie benutzt haben, in der Reihenfolge, in der sie zum Einsatz gekommen sind, an ihren Platz zurück und bedanken sich bei jedem von ihnen zum Beispiel mit den Worten: «Ich danke dir, daß du mir deinen rituellen Geist geliehen hast.»

Schließlich lassen Sie sich auf die Knie nieder, schließen die Augen, sammeln sich, lassen das Gefühl des Rituals in Ihnen hochsteigen und sprechen: «Ich danke für das Geschenk dieses Rituals. Ich werde es hüten und achten und damit den Alltag als neuer Mensch betreten.»

Denken Sie die Worte nicht nur, sondern sprechen Sie sie laut aus. Gerade dann, wenn Sie allein zelebrieren, ist das wichtig und erleichtert Ihnen die Rückkehr in die Außenwelt. Ersetzen Sie meine Formulierungen durch Ihre eigenen. Je mehr an Ihrem Ritual wirklich von Ihnen ist, aus Ihnen kommt, desto wirkungsvoller ist es. Das gilt für Symbole, für die hinter dem Ritual stehende mythologische Geschichte und auch für die Worte, die Sie wählen.

Das Drehbuch des Rituals

Was
Es ist relativ leicht, Ihnen Empfehlungen für die Gestaltung des Anfangs und des Endes eines beliebigen Rituals zu geben. Was jedoch den Mittelteil, die eigentliche Zeremonie betrifft, so hängt sie selbstverständlich ganz entscheidend von Ihrem Thema ab. Welches Ereignis in Ihrem Leben wollen Sie durch ein Ritual hervorheben? Den Abschied von einem Menschen, von dem Sie sich getrennt haben oder der durch den Tod von Ihrer Seite genommen wurde? Den Übergang vom Berufsleben in den Ruhestand oder das Einsetzen Ihrer Menopause? Den Jahres-

wechsel oder den Vollmond? Das Thema Ihres Rituals muß also am Anfang jeder Planung stehen.

Wer

Neben dem Thema ist die Zahl der Teilnehmer an Ihrem Ritual von Bedeutung. Unsere Gesellschaft ist dem Individuum sehr viel mehr zugeneigt als der Gruppe, und so fällt es Ihnen wahrscheinlich leichter, sich ein Ritual, das Sie alleine begehen, vorzustellen, als eines, das Sie gemeinsam in einer Gruppe feiern. Tatsächlich gibt es auch durchaus Ritualanlässe, die allein begangen eine schönere Zeremonie ergeben können. Für mich zählen dazu vor allem solche, die in der freien Natur stattfinden.

Aber grundsätzlich haben Gruppenrituale mehr Kraft, und man kann mit ihnen mehr erreichen. Das wird Ihnen einleuchten, wenn Sie sich noch einmal auf die sozialen Funktionen des Rituals besinnen, die ich am Anfang des Buches beschrieben habe.

Die Erklärung für die Unlust, nach einer Gruppe zu suchen, liegt eben in diesem «Suchen» begründet. Wir müssen mit einem Wunsch an mehrere Personen herantreten, der sie tief in unser Inneres blicken läßt und sie dazu veranlaßt, uns entweder für verrückt zu erklären (die große Mehrheit), oder aber durch unser spirituelles Interesse ihre Neugier für uns weckt (die kleine Minderheit). Sie können davon ausgehen, daß jeder Mensch spirituelle Bedürfnisse hat und sich bei einer Abweisung damit trösten, daß der betreffenden Person diese Tatsache bisher offenbar entgangen ist. Andererseits werden Sie erstaunt sein, wieviele Menschen Ihren wohlerwogenen Vorschlag dankbar aufnehmen werden.

Denkbar ist auch, daß Sie ein Ritual mit mehreren Teilnehmern planen und zusätzlich Zuschauer einladen. Zumal für eine Hochzeit oder auch für andere lebenslauforientierte Riten wäre eine solche Lösung denkbar.

Sodann haben Sie auch die Möglichkeit, mit Ihrem Partner oder Ihrer Partnerin ein Ritual zu feiern. Die Begrüßung des neuen Tages, das Brotbrechen, der Neuanfang nach einer Auseinandersetzung in einer Neumondnacht oder auch sexuelles Beisammensein sind Themen für Rituale, die Alltagssituationen in einer Beziehung neues Leben einhauchen und sie mit Sinn füllen können. Gerade in der Partnerschaft vermögen Rituale ein großes Heilungspotential zu entfalten.

Wo

Der Ort, an dem Ihr Ritual stattfinden soll, ist eng mit Ihrem Ritualthema verknüpft. Es ist naheliegend, daß Rituale, die in nahem Zusammenhang mit der Natur stehen wie die kalendarischen Riten, im Freien, vorzugsweise an geheimnisvollen Plätzen begangen werden sollten. Andererseits spricht nichts dagegen, auch ein Jahreszeitenritual auf dem Balkon oder im Wintergarten zu zelebrieren.

Allgemein gilt: Machen Sie sich die Suche nach dem rechten Ort nicht zu schwer. Es ist besser, wenn Sie Ihr Ritual zunächst in Ihrer Wohnung feiern, als daß Sie den Termin immer wieder hinauszögern, weil

Sie im Wald den rechten Baum, die rechte Quelle oder den geeigneten Hügel noch nicht gefunden haben. Viel besser ist es, wenn Sie in Ihrer Wohnung, wahrscheinlich am besten im Schlafzimmer, eine eigene kleine Ritualecke einrichten, wo Sie Ihre spirituellen Kräfte auch durch entsprechende Gegenstände zentrieren können. Früher hatten die Bauernhöfe vieler Landstriche in der Stube einen Herrgottswinkel. Das war eine sehr vernünftige und praktische Einrichtung, in der man sein Bedürfnis nach einem Ritual, nach Meditation oder auch nur einem Gebet spontan befriedigen konnte.

Wenn Sie ein Ritual in einer großen Gruppe feiern wollen, dann müssen Sie selbstverständlich auch einen entsprechend großen Raum zu Ihrer Verfügung haben. Beziehen Sie in Ihre Planung auch mit ein, wer und wieviele Personen aktiv und wer als Zuschauer beteiligt sein soll.

Wann

Auch die Frage des Zeitpunkts habe ich bereits in einem vorangegangenen Kapitel besprochen. Entscheiden Sie, ob Sie Ihr Ritual sozusagen auf dem zeitlichen Fundament eines anderen errichten, oder ob Sie lieber einen neutralen Termin wählen wollen. In Bezug auf den rechten Ort habe ich zuvor geschildert, daß Plätze die Energie der Zeremonien, die dort abgehalten wurden, speichern können, und daß aus diesem Grund zum Beispiel auf alten keltischen Tempelplätzen häufig christliche Kirchen errichtet wurden. Ähnliches geschieht auch mit einem Kalendertag, an dem Jahr für Jahr immer wieder ein Ritual zu einem bestimmten Thema gefeiert wird. Weihnachten, Ostern oder Yom Kippur geben den Tagen, auf die sie fallen, eine ganz bestimmte energetische Färbung, die Ihr Ritual vielleicht unterstützen, es aber ebensogut auch ungünstig beeinflussen oder gar behindern könnte.

Wichtig ist auch die Frage, wie lange Ihr Ritual dauern soll. Das Beispiel der Abschlußzeremonie hat gezeigt, wie wichtig es ist, sich genügend Zeit zu nehmen. Mitunter kann eine einzige Geste als Symbol im Zentrum eines Rituals stehen und alles davon abhängen, in welcher Intensität und mit welcher Konzentration die Geste vollzogen wird. Eile und Hetze zerstören jedes Ritual. Achten Sie also sorgsam darauf, daß es Ihnen an Zeit nicht mangelt.

Für den Ablauf Ihres Rituals ist auch das Tempo von Bedeutung. Was geschieht, wenn Sie eine bestimmte Handlung bewußt langsamer, wie in Zeitlupe ablaufen lassen? Oder welche Auswirkungen hat ein Beschleunigung? Bauen Sie Pausen ein, damit Handlungen und Worte tiefer einsinken können. Nutzen Sie die Zeit in ihren Qualitäten bestehend aus Termin, Dauer oder Tempo als dramaturgischen Bestandteil Ihrer Zeremonie.

Ritualelemente

Die Ausgestaltung Ihres Rituals mit entsprechenden symbolhaften Elementen ist unabhängig vom Anlaß Ihrer Zeremonie möglich. Einige nützliche Anregungen und wertvolle Hinweise zur Ausgestaltung werden Sie dem folgenden entnehmen können.

Nachdem Sie über Inhalt, Teilnehmer, Ort und Termin Ihres Rituals entschieden haben, müssen Sie festlegen, welche *Kleidung* getragen werden soll. Bei einer Hochzeit beispielsweise spielt die Art der Bekleidung traditionell eine wichtige Rolle. Auch andere Rituale können durch Kostüme, Roben und Kutten, durch Masken oder Körperbemalung verstärkt werden. Wählen Sie die Farben aus, die Ihr Ritual mit ihrer Symbolik unterstützen. Machen Sie sich Gedanken darüber, wer die Kleidungsstücke oder Masken beschaffen oder herstellen soll, was sie kosten dürfen, und welche Improvisationsmöglichkeiten es eventuell gibt.

Manche Sequenzen Ihres Rituals können mit *Musik* ausdrucksvoll hervorgehoben werden. Überlegen Sie, welche Wirkung Sie mit der Musik, die Sie aussuchen, auf die Hörer ausüben wollen. Soll sie die Spannung heben, zum Tanzen animieren oder eine meditative Stimmung schaffen? Wenn Sie den Teilnehmern Rhythmusinstrumente wie Trommeln, Tambourine, Rasseln, Glocken und ähnliches in die Hände geben, dann sorgen Sie für Live-Musik und binden zugleich jeden einzelnen aktiv in die Gruppe ein. Lieder und Chants spielen in vielen traditionsgebundenen Kulturen eine wichtige Rolle und können machtvolle Ritualelemente sein. Im Idealfall werden Sie Ihre eigenen Texte und Melodien schaffen. Auch der maßvolle Einsatz von Schreien kann sinnvoll sein.

Denken Sie auch an die *Beleuchtung*. Neonlicht

oder Strahler in einem Raum können die Atmosphäre gründlich zerstören. Sorgen Sie also für genügend Kerzen und bauen Sie diese in Ihr Ritual mit ein. Eine mit Lichtern markierte Kreislinie wird Ihrer Erschaffung des richtigen Ortes einen ganz anderen Stellenwert geben. Da das offene Feuer eine mächtige transformierende Kraft ausstrahlt, sollten Sie es in Form von Fackeln oder eines Lagerfeuers auch für Ihr Ritual im Freien nutzen. Bei einer Zeremonie, die Sie zu Ehren des Vollmondes abhalten, versteht es sich von selbst, daß Sie sich möglichst auf sein Licht beschränken.

In einem Ritual, an dem mehrere Menschen beteiligt sind, finden sich viele Elemente eines Bühnenstückes wieder. Dazu gehört auch eine festgelegte *Choreographie*. Auch Bewegungsabläufe können symbolhaft sein. Daher müssen Sie zum voraus entscheiden, ob Sie die Teilnehmer im Kreis, in einer langen Schlange oder im Quadrat aufstellen wollen. Der aus Menschen bestehende Kreis ist ein zentrales Symbol in vielen Ritualen. Er verstärkt das Gemeinschaftsgefühl und damit die Intensität einer möglichen spirituellen Erfahrung. Das Quadrat hingegen nimmt symbolisch Bezug zur Erde, zu Ruhe und Begrenztheit. Die Schlange andererseits ist sehr wandelbar, alle Formen sind in ihr enthalten, auch die Spirale. Die Rollen müssen verteilt werden. Wer soll handeln, wer zuschauen? Welche Bewegungen, Gesten oder Tänze sollen an welcher Stelle des Rituals zum Einsatz kommen? Auch wenn Sie Ihr Ritual in seinem Ablauf bis ins Detail planen, so dürfen Sie doch nicht vergessen, Raum für Spontaneität zu lassen.

Noch mehr als Musik sind *Worte* ein wichtiges Element Ihres Rituals. Sie sprechen etwas Göttliches an, danken und bitten um Segen. Zu diesem Zweck brauchen Sie laut gesprochene oder gesungene Worte. Es kann sehr spannend sein, die benötigten Texte vorher gemeinsam mit der Gruppe, die dann auch an dem Ritual teilnehmen wird, zu erarbeiten. Aber auch das Zitieren von bereits vorhandenen Texten, die Sie in ihrem Inhalt und in ihrer Formulierung stark berühren, ist möglich. Gedichte eignen sich besonders gut, weil sie, wie es der Name ja bereits sagt, etwas «ver-dichten» und daher Ritualen im Geiste verwandt sind.

Schließlich möchte ich Sie zum Schluß noch einmal daran erinnern, wie wichtig es ist, daß Sie *mit allen fünf Sinnen* in Ihrem Ritual anwesend sind. Versuchen Sie, so viele Elemente wie möglich einzubauen, die Sie sehen, hören, riechen, schmecken und fühlen können. Gestalten Sie Ihr Ritual so, daß es für Sie eine tiefe, einmalige und unvergeßliche Erfahrung wird.

Die Hochzeit

Das Ritual, welches zwei Menschen in einer Partnerschaft zusammenführt, ist von tiefer Bedeutung im Leben dieses Paares und der Personen, die ihnen nahe stehen – das ist meine feste Überzeugung. Es ist von viel zu großer Wichtigkeit, um es ohne Nachdenken und ohne jeden Versuch der Verbesserung den festgefügten Strukturen der Kirchen und Standesämter zu überlassen.

Die Zeremonie, die ich im folgenden und als Abschluß dieses Buches beschreiben will, setzt sich aus vielen Elementen zusammen, die ich während meiner Beschäftigung mit den unterschiedlichsten Riten kennengelernt habe. Sie ist nur eine von unzählig vielen Möglichkeiten, aber sie ist die, die ich für mich selbst gerne wählen würde. Sie ist ein Kind meines Herzens und meiner Phantasie.

Für Sie, liebe Leserin und lieber Leser, soll sie eine Anregung sein, sich selbst auf die Suche nach Symbolen, dem rechten Ort, der rechten Zeit und schließlich dem für Sie richtigen Ablauf zu machen. Besprechen Sie mit Ihrem Partner oder Ihrer Partnerin, welche Erwartungen Sie an ein Ritual stellen. Reden Sie miteinander über Ihre spirituellen Vorstellungen. Das ist sehr schwierig, denn dieses Thema ist intimer noch als jenes der Sexualität.

Beziehen Sie, so hart es Sie auch ankommen mag, Ihre Eltern mit ein. Ihre Partnerbindung bietet Ihnen eine letzte Gelegenheit zur rituellen Ablösung von Ihrem Elternhaus (eigentlich wäre das bereits die Aufgabe der Adoleszenzriten gewesen, aber diese Chance hatten wohl die wenigsten in unserer Gesellschaft), ein Schritt, der vielleicht dazu beiträgt, Ihre Partnerschaft dauerhafter zu machen.

Bedenken Sie, die Hochzeit ist ein *soziales* Fest, wenngleich sie auch für keinen der Teilnehmer von ähnlich großer Bedeutung ist, wie für Braut und Bräutigam. Markieren Sie mit eigenen, selbstgeschaffenen Ritualen diesen und andere wichtige Wendepunkte in Ihrem Leben auf die für Sie angemessene Weise, und gehen Sie verantwortungsbewußt und achtsam mit Symbolen und allen übrigen Elementen des Rituals und mit dem Ritual selbst um.

Ich habe einen Partner gefunden, bei dem ich es wage, eine Verpflichtung einzugehen. Ihm geht es wie mir, also entscheiden wir uns gemeinsam dafür, einen festen Bund zu schließen. Diesen Entschluß feiern wir in einem Fest nur für uns beide, denn wir sind im Begriff, die Schwelle zu einer neuen Rolle in der Gesellschaft zu betreten: wir fügen der Verantwortung, die jeder von uns für sich trägt, die Verantwortung für unser Zusammensein hinzu.

Die Folgezeit ist von den Vorbereitungen geprägt. Wir bestimmen den Termin für unser Ritual und wählen hierfür den 21. März, die Frühlingstagundnachtgleiche. Der Tag symbolisiert das Männliche und die Nacht das Weibliche, und wie es der Name bereits sagt, sind an diesem Datum Tag und Nacht gleich lang. Am 21. März wird keiner vom anderen dominiert, sondern beide stehen gleichrangig, gleichlang und gleichgroß nebeneinander. Eine gute Voraussetzung für eine Partnerschaft, in der jeder die gleichen Rechte und Pflichten hat. Und dann: Im Frühling wird das Saatkorn in die Erde gelegt, damit aus ihm eine fruchttragende Pflanze werde. So soll auch unser Ritual wie das Saatkorn am Anfang unseres Bundes stehen, damit es eine Zeit einleitet, die für uns beide ein reiches Entwicklungspotential mitbringt.

Für eine Zeremonie unter freiem Himmel ist es am 21. März bei uns im allgemeinen noch zu kalt. Also entschließen wir uns dazu, bis zu diesem Termin – wir haben noch mehrere Monate Zeit – eine größere, gemeinsame Wohnung zu suchen und dort zugleich mit unserem Einzug unsere Hochzeit zu feiern.

Dann beraten wir, wen wir einladen wollen. Es sollen solche Menschen sein, von denen wir spüren, daß sie an unserem Leben Anteil nehmen, wie wir das auch an ihrem tun. Bei dieser Gelegenheit schon wählt jeder von uns aus seinem Kreis einen vertrauten Freund oder eine Freundin, der oder die als Pate oder Patin unseren Bund schützen soll. Mit diesen beiden setzen wir uns, nachdem sie sich mit unserer Wahl einverstanden erklärt haben, zusammen, um das Drehbuch für unser Ritual auszudenken. Da unsere Eltern im ersten Teil der Zeremonie, in der Ablösungsphase, eine wichtige Rolle spielen sollen, laden wir sie zum Gespräch darüber hinzu.

Nachdem Einigkeit über den Ablauf erzielt ist, machen wir uns gemeinsam daran, die Einladungen zu verschicken. Jeder erhält den Teil eines zuvor in die richtige Anzahl zerschnittenen Bildes, das einen Vulkanausbruch im Meer darstellt und für uns das Vermischen von Feuer/männlich und Wasser/weiblich symbolisiert. Unsere Gäste bringen ihren Abschnitt zum Ritual mit und alle gemeinsam setzen das Bild dann wieder zusammen. Auf diese Weise erinnern sie uns durch ihr Tun daran, daß unser Bund losgelöst von der Gemeinschaft nicht existieren könnte.

Den letzten Monat vor dem festgesetzten Termin, die neue Wohnung ist inzwischen gefunden und die geladenen Gäste haben alle ihr Kommen bestätigt, wohnt jeder in seiner eigenen Wohnung, und wir verzichten während dieser Zeit auf sexuelles Beisammensein. Wir verabreden uns tagsüber, um alles Nötige zu organisieren, einzukaufen oder zu besprechen, kehren dann aber wieder jeder in die eigenen vier Wände zurück. Wir wollen damit die Spannung ein wenig aufbauen, und es soll auch jeder Gelegenheit haben, sich von seinem Single-Dasein und von seinem alten Lebensraum zu verabschieden.

Schließlich ist der Vorabend für unser Ritual gekommen, und wir treffen uns in der neuen Wohnung, um noch einmal nach dem rechten zu sehen. Nur unser Schlafzimmer ist eingerichtet, da wir hierfür neue Möbel gekauft haben. Sonst sind alle Räume noch unmöbliert, bis auf eine Reihe Biergartentische und -stühle, eine Stereoanlage und die erforderlichen Küchengeräte. Alles, was wir an Gegenständen für das Ritual benötigen, ist bereits vorhanden.

Am 21. März verbringt jeder von uns den größten Teil des Tages in seiner alten Wohnung, um dort die letzten Sachen einzupacken und für sich allein den Abschied vom alten Zuhause in einem kleinen Ritual zu feiern. Schließlich wird ein jeder von uns zur festgesetzten Stunde von seinem Paten abgeholt und in die neue Wohnung geleitet. Dort ist von den

Paten alles so vorbereitet, wie es abgesprochen wurde.

Vor der Eingangstür zu unserer Wohnung reichen uns die Paten ein Glas Rotwein. Wir leeren es gemeinsam, begrüßen unser neues Zuhause uns lassen die letzen Tropfen aus dem Glas auf die Schwelle tropfen, nachdem wir sie überschritten haben. Der Wein, der das Blut alter Zeiten ersetzt, soll aus unserer Wohnung für diese und alle kommenden Tage alle bösen Geister und Gedanken ferngehalten.

Damit der Ablauf des Rituals kontinuierlich erfolgen kann, haben wir unsere Gäste um Pünktlichkeit gebeten. Die Zeit reicht also gerade noch dazu, um einen Blick in die Küche zu werfen, wo die Getränke und kalten Platten stehen, in den mit Blumen geschmückten Raum, wo die Tische und Bänke aufgebaut und dekoriert sind, und wo wir uns nach dem Ritual alle zum Festessen niederlassen werden, und in den Ritualraum, der bis auf die Stereoanlage vollkommen leer ist.

Dann kommen die Gäste, die sich zum Teil schon vor dem Haus getroffen haben, und geben uns jeder seinen Abschnitt aus unserem Vulkan-Meer-Bild zurück und, wie wir es abgesprochen haben, als Hochzeitgeschenk frische Frühlingsblumen. Gemeinsam mit unseren Paten begrüßen wir die Gäste. Mein Gefährte ist dafür verantwortlich, unser Puzzle in dem vorbereiteten Rahmen wieder zusammenzusetzen, und ich nehme die Blumen in Empfang, um sie in unser Schlafzimmer zu bringen. Nach kürzester

Zeit verwandelt sich dieser Raum in ein herrlich duftendes Blumenmeer.

Die Eltern meines Gefährten und meine eigenen sind die letzten, die erscheinen. Alle zusammen nehmen wir einen Begrüßungstrunk, und nun kann es losgehen. Mein Gefährte und ich nehmen jeder eine kleine wasssergefüllte Schale, die in der Küche bereitsteht, und gehen damit von Gast zu Gast. Mit einem kleinen Kiefern- oder Tannenzweig, den wir in das Wasser tauchen, besprengen wir jeden einzelnen und sagen dazu die Worte: «Wach auf! Reinige deinen Geist und öffne dein Herz, denn dies ist der Tag, an dem mein Gefährte und ich einen Bund schließen!»

Um den Ablauf nicht zu gefährden, haben wir unseren Gäste, da wo es unbedingt erforderlich war, noch in der Vorbereitungsphase gesagt, was von ihnen erwartet wird, und wie in etwa das Ritual ablaufen soll. Alle zusammen gehen wir nun in den Ritualraum. Dort ziehen mein Gefährte und ich mit einem Stück Kreide einen Strich mitten durch den Raum. Der eine Pate schreibt auf die eine Seite der Linie das Wort «Einzelne», der zweite auf die andere Seite «Paare». Nur die beiden Paten befinden sich auf der «Paare»-Seite, alle übrigen sind im Bereich der «Einzelnen». Mein Gefährte und ich, jeder mit einem kleinen Rucksack oder Beutel, betreten Hand in Hand den Bereich der «Einzelnen», wo die Meute schon auf uns wartet. Wir spielen, daß sie uns vertreiben wollen, über die Linie hinweg zu den «Paaren». Wir aber wollen nicht gehen und versuchen sie mit den Dingen der Vergangenheit, Gegenstände aus unserer Kindheit, Jugend und aus unser Zeit als Einzelne, zu bestechen. Hartnäckig und genüßlich verhandeln wir hart um jeden Gegenstand und achten dabei darauf, daß möglichst jeder der «Einzelnen» etwas erbeuten kann. Wenn unsere Säcke leer sind, werden die «Einzelnen» rabiater, laut schreiend und lachend schubsen und stoßen sie uns, um meinen Gefährten und mich aus ihrem Bereich zu verstoßen. Immer wieder versuchen wir, wieder in ihre Reihen aufgenommen zu werden, bis wir schließlich aufgeben und jenseits der Linie von den beiden Paten freundlich begrüßt werden.

Dieser erste dynamische Abschnitt, an dem alle aktiv beteiligt waren, hat eine gute Stimmung geschaffen. Alle lachen und reden aufgeregt durcheinandern.

Nun machen wir uns alle gemeinsam daran, den Kreis für den zweiten Teil der Ablösungszeremonie zu bereiten. Mit einer Schnur und einem Stück Kreide ziehen mein Gefährte und ich den Kreis in der Mitte des Raumes – den Strich und die Worte haben die beiden Paten zuvor schon fortgewischt. Es ist ein großer Kreis, denn unsere Eltern und wir selbst müssen dort hineinpassen. Unsere Gäste setzten nun Kerze an Kerze auf den Kreidestrich und lassen nur an einer Stelle eine Öffnung, die weit genug ist, daß zwei Menschen nebeneinander stehen können. Während wir schweigend warten, entzünden die Paten von zwei Seiten die Kerzen des Kreises und löschen dann die Deckenbeleuchtung. Jeder unserer Gäste hält in seinen Händen ebenfalls eine Kerze und entzündet sie am Licht des Kreises. Unsere Gäste bilden um unseren magischen Kreis einen zweiten.

Mein Gefährte und ich betreten das Rund und stellen uns in der Mitte mit dem Rücken zueinander auf. Unsere Eltern treten in den Kreis, ein jedes Paar von Angesicht zu Angesicht mit seinem Kind. Die Paten schließen mit ihren Körpern die Kreisöffnung und richten ihren Blick auf meinen Gefährten und mich in der Mitte.

Einer der beiden Paten sagt: «Wir sind hier zusammengekommen, um diese beiden Menschen», und er deutet dabei auf uns, «aus dem einen Verband herauszulösen und in einem anderen wieder zusammenzufügen. Seid ihr dazu bereit?»

Unsere Eltern, mein Gefährte und ich antworten mit: «Ja!»

Der zweite Pate fragt: «Seid ihr, die ihr hier als Gäste geladen seid, dazu bereit, dies zu bezeugen?»

Und auch der äußere Kreis antwortet geschlossen mit: «Ja!»

Mein Gefährte und ich reden nun beide zu unseren Eltern: «Ich bitte dich, Mutter, ich bitte dich, Vater, entlaßt mich aus meiner Kindschaft und wandelt eure Elternliebe in Freundesliebe, wie auch ich meine Kindesliebe durch Freundesliebe ersetzen will.»

Beide Elternpaar antworten: «Ja, das wollen wir. Von nun an findest du dich bei uns als Gleiche unter Gleichen wieder. Wir geben alle Ansprüche auf, die Eltern an Kinder stellen und sind hiermit frei von allen Verpflichtungen, die Eltern gegenüber ihren Kindern haben.»

Jedes Elternpaar überreicht einem der Paten darauf einen Gegenstand, den sie mit unserer Kindheit verbinden. Uns geben Sie die blauen Gewänder, die wir in der Vorbereitungsphase unter Mitwirkung einer schneidernden Freundin hergestellt haben. Das neue Kleidungsstück steht für den Übergang in eine neue Lebensphase. Die Farbe Blau verstärkt den sprituellen Gehalt unseres Rituals und symbolisiert darüberhinaus auch Treue, Tiefe, Wahrheit und Ewigkeit. Mein Gefährte und ich umarmen unsere Eltern und danken ihnen für ihre Geschenke. Sie heißen uns in der umgewandelten Beziehung willkommen und verlassen dann den Kreis, den die beiden Paten für sie öffnen.

Mein Gefährte und ich streifen unsere blauen Gewänder über. Sie sind wie Togen ganz einfach geschnitten und werden über dem Bauch mit einem Gürtel raffend zusammengebunden. Während wir damit beschäftigt sind, holen die beiden Paten die Dinge, die für den nächsten Teil, für das eigentliche Bindungsritual, notwendig sind. Als wir fertig sind, schließen sie erneut den Kreis, und es wird wieder still im Raum.

Mein Gefährte und ich stehen einander gegenüber. Einen Moment lang scheint alles, was um uns ist, verschwunden. Dann höre ich die Stimme eines unserer Paten: «Seid ihr bereit, euch hier vor Zeugen mit einander zu verbinden und die Götter um ihren Segen und Beistand zu bitten, so beginnt.»

Ich sage zu meinem Gefährten: «Willst du, in der Bindung, die wir miteinander eingehen, Rechte und

Pflichten gerecht mit mir teilen, wie auch ich dies mit dir halten will?» Mein Gefährte antwortet mit «Ja» und stellt mir seinerseits die gleiche Frage, die ich ebenfalls bejahe. Er fügt hinzu: «Dann laß uns das Brot des Teilens miteinander brechen.» Einer der Paten reicht ihm daraufhin das Brot, das er bricht und mit mir teilt.

Es dauert eine Weile, bis wir es gegessen haben, dann sagt mein Gefährte: «Bist du bereit, meine Eigenständigkeit zu hüten und zu beschützen wie deine eigene?» Ich antworte mit «Ja» und stelle ihm meinerseits die gleiche Frage, die er ebenfalls bejaht. Ich füge hinzu: «Dann laß uns den Wein des klaren Geistes miteinander trinken.» Ich empfange von einem der Paten den Weinbecher, nehme einen Schluck und reiche ihn an meinen Gefährten weiter, der ebenfalls trinkt.

«Da dies so ist,» spricht der Pate, der den Weinbecher zurückerhalten hat, «setzt einander nun die Blumenkronen auf und faßt einander bei den Händen.» Wir lassen uns von dem zweiten Paten die Kränze geben, die sie für uns gemacht haben, und setzen sie einander auf die Köpfe. Dann ergreife ich die Hände meines Gefährten, und der Pate fährt fort: «Ihr Götter, wir bitten euch, segnet und schützt dieses Paar.» Und all unsere Gäste wiederholen laut diese Bitte. Wir küssen uns, danken den Göttern und allen Anwesenden.

Wir verlassen den Kreis, um jeden unserer Gäste zu umarmen, um unsere Freude mit ihnen zu teilen und uns von ihnen beglückwünschen zu lassen. Jeder von ihnen steckt uns dabei ein zusammengerolltes Stück Papier zu, das aussieht, wie das Los einer Tombola. Auf jedem dieser «Lose» steht ein guter Wunsch, ein Segensspruch oder ein Rat, der uns in unserem neuen Zu-Stand begleiten soll.

Alle gemeinsam räumen wir die Kerzen nun so aus dem Weg, daß sie uns nicht gefährden, aber uns dennoch weiter ihr Licht spenden. Die Männer unter unseren Gästen sammeln sich auf einer Seite des Zimmers und lassen sich auf die Erde nieder. Mein Gefährte setzt sich in die Mitte des verbliebenen Raumes und schaut zu, wie die Frauen mich mit den Dingen, die wir bereitgestellt haben, schmücken. Ausgelassene Stimmung macht sich breit, als sie mit mir fertig sind und zu den Männern gehen. Aufgeputzt wie ein Pfau stelle ich die lange zuvor mit Bedacht ausgewählte Musik an, um für meinen Gefährten zu tanzen. Er genießt es sichtlich, so im Mittelpunkt zu sein, und ich lege mein ganzes Gefühl in meine Bewegungen.

Dann werden die Rollen getauscht. Ich erhalte seinen Platz in der Mitte und schaue zu, wie die Männer ihn ausstaffieren, und wie er für mich tanzt. Die Stimmung ist wunderschön, ausgelassen und fröhlich.

Schließlich geben wir das Zeichen, und der Rest der noch verbliebenen Anspannung unserer Gäste löst sich in wildem, stampfendem Tanz zu erdigen afrikanischen Rhythmen. Eine ganze Weile toben wir so, bis uns der Hunger zu unserer Festtafel lockt, an der wir uns in fröhlicher Runde niederlassen.

Als der Zeitpunkt des Abschieds gekommen ist, und der letzte unserer Gäste uns verlassen hat, gehen mein Gefährte und ich Hand in Hand in unser Schlafzimmer, in dem die Farben und Düfte der Blumen im Kerzenlicht miteinander im Wettstreit liegen.

LITERATUR

Bruno Bettelheim, *Die symbolischen Wunden – Pubertätsriten und der Neid des Mannes.* Frankfurt/Main 1982.
Otto Betz, *In geheimnisvoller Ordnung – Urformen und Symbole des Lebens.* München 1992.
Hans Biedermann, *Knaurs Lexikon der Symbole.* München 1989.
Raymond Buckland, *Complete Book of Witchcraft.* St. Paul (Minnesota/USA) 1990.
Joseph Campbell, *Der Heros in tausend Gestalten.* Frankfurt/Main 1978.
ders., *Lebendiger Mythos – Gedanken über die inneren Horizonte.* München 1987.
ders., *Mythen der Menschheit.* München 1993.
Irene Dalichow, *Wo die Seele Super tankt.* In: Esotera, Freiburg 1988, Nov., S.27–35.
Irene Dalichow & Mike Booth, *Aura-Soma. Heilung durch Farbe, Pflanzen- und Edelsteinenergie.* München 1994.
Mary Douglas, *Ritual, Tabu und Körpersymbolik –*

Sozialanthropologische Studien in Industriegesellschaft und Stammeskultur. Frankfurt/Main 1974.
Emile Durkheim, *Die elementaren Formen des religiösen Lebens.* Frankfurt/Main 1981.
Mircea Eliade, *Das Heilige und das Profane – Vom Wesen des Religiösen.* Frankfurt/Main 1990.
ders. & Ioan P. Couliano, *Handbuch der Religionen.* Zürich/München 1991.
Franz Carl Endres & Annemarie Schimmel, *Das Mysterium der Zahl – Zahlensymbolik im Kulturvergleich.* München 1984.
Sir Edward Evan Evans-Pritchard, *Marriage Customs of the Luo in Kenya.* In: Sir E.E. Evans-Pritchard, The Position of Women in Primitive Societies and Other Essays in Social Anthropology, London 1965, S.228–244.
Marie-Louise von Franz, *Zeit – Strömen und Stille.* München 1992.
James George Frazer, *Der goldene Zweig – Das Geheimnis von Glauben und Sitten der Völker.* Reinbek 1989.
Arnold van Gennep, *Übergangsriten.* Mit einem Nachwort von Sylvia M. Schomburg-Scherff. Frankfurt/New York/Paris 1986.
Adele Getty, *Göttin – Mutter des Lebens.* München 1993.
Leo Maria Giani, *In heiliger Leidenschaft – Mythen, Kulte und Mysterien.* München 1994.
Gisela Graichen, *Das Kultplatzbuch – Ein Führer zu den alten Opferplätzen, Heiligtümern und Kultstätten in Deutschland.* Hamburg 1988.

Michael Grant & John Hazel, *Lexikon der antiken Mythen und Gestalten*. München 1980.

William G. Gray, *Magie – Das Praxisbuch der magischen Rituale*. München 1992.

Richard Heinberg, *Celebrate the Solstice – Honoring the Earth's Seasonal Rhythms through Festival and Ceremony*. Wheaton (Illinois/USA) 1993.

Catherine Herriger, *Die Kraft der Rituale – Macht und Magie unbewußter Botschaften im Alltag*. München 1993.

Evan Imber-Black & Janine Roberts, *Rituals for Our Times – Celebrating, Healing and Changing Our Lives and Our Relationships*. New York 1992.

Carl Gustav Jung, *Der Mensch und seine Symbole*. Mit Beiträgen von Marie-Louise von Franz, Joseph L. Henderson, Jolande Jacobi, Aniela Jaffé. Solothurn/Düsseldorf 1968/1993.

Manfred Lurker (Hrsg.), *Wörterbuch der Symbolik*. Stuttgart 1991.

Wilhelm Mannhardt, *Wald- und Feldkulte*. 2 Bände. Darmstadt 1963 (Unveränderter Nachdruck der Originalausgabe von 1874).

Kala & Ketz Pajeon, *Talisman-Magie – Vom praktischen Umgang mit Symbolen, Farben und Elementen*. München 1994.

Lynda S. Paladin, *Ceremonies for Change – Creating Personal Ritual to Heal Life's Hurts*. Walpole (New Hampshire/USA) 1991.

Johanna Paungger & Thomas Poppe, *Vom richtigen Zeitpunkt – Die Anwendung des Mondkalenders im täglichen Leben*. München 1991.

dies., *Aus eigener Kraft – Gesundsein und Gesundwerden in Harmonie mit Natur- und Mondrhythmen.* München 1993.

Werner Pieper (Hrsg.), *Starke Plätze – Orte, die zum Herzen sprechen.* Löhrbach o.J.

Manfred Probst & Klemens Richter, *Die kirchliche Trauung – Neues Werkbuch für die Praxis.* Freiburg/Basel/Wien 1994.

Robert von Ranke-Graves, *Griechische Mythologie – Quelle und Deutungen.* Reinbek 1984.

Ernst Thomas Reimbold, *Die Nacht im Mythos, Kultus und Volksglauben.* Köln 1970.

Ingrid Riedel, *Farben – In Religion, Gesellschaft, Kunst und Psychotherapie.* Stuttgart 1983.

dies., *Formen – Kreis, Kreuz, Dreieck, Quadrat, Spirale.* Stuttgart 1985.

James Roose-Evans, *Passages of the Soul – Ritual today.* Longmead (Schaftesbury/Dorset) 1994.

Sandra, *Hexenrituale – Meine magischen Rezepte für Liebe, Glück und Gesundheit.* München 1992.

Malidoma Patrice Somé, *Ritual – Power, Healing and Community. The African Teachings of the Dagara.* Portland (Oregon/USA) 1993.

Bernhard Streck (Hrsg.), *Wörterbuch der Ethnologie.* Köln 1987.

Victor Turner, *The Forest of Symbols: Aspects of Ndembu Ritual,* Ithaca 1967.

ders., *Das Ritual – Struktur und Anti-Struktur.* Mit einem Nachwort von Eugene Rochberg-Halton. Frankfurt/New York 1989.

ders., *Vom Ritual zum Theater – Der Ernst des*

menschlichen Spiels. Frankfurt/New York 1989.
Bernard Vaillant, *Westliche Einweihungslehren – Die Lehren der abendländischen Weisheit: Druiden, Gral, Templer, Katharer, Rosenkreuzer, Freimaurer, Alchimisten.* München 1992.
Klausbernd Vollmar, *Das Enneagramm – Praktische Lebensbewältigung mit Gurdjieffs Typenlehre.* München 1993.
Wolfgang W. Wurster, *Die Schatz-Gräber – Archäologische Expeditionen durch die Hochkulturen Südamerikas.* Hamburg 1991.
Philipp Zingg & Brigitte Woykos, *Religiöser Mythos und Hochzeitsriten.* Bad Liebenzell 1989.

Rituale sind ein Urbedürfnis der Menschheit. Sie setzen Veränderungen in der Natur und im Leben eines Menschen in Szene – mal dunkel mystisch, mal spielerisch fröhlich. Die Tagundnachtgleichen, Mittsommer- und Mittwintersonnenwenden, Geburt, Initiation, Ehe und Tod sind entscheidende Wendepunkte im Jahres- und Lebenslauf. In allen Kulturen wurden und werden sie noch immer rituell gefeiert. Nur bei uns scheint vieles davon in Vergessenheit geraten zu sein.

Lassen Sie sich von den hier geschilderten Riten fremder Völker inspirieren. Greifen Sie die eigens für dieses Buch entwickelten Ritualvorschläge zu Themen wie Scheidung, Umzug, Reinigung, Heilung und Visionssuche auf und integrieren Sie sie in Ihr Leben. Werden Sie mit Ritualen ein spirituell-kreativer und ganzheitlicher Mensch.

**Diane von Weltzien,
Die Welt der Rituale**   12210

Goldmann · Der Taschenbuch-Verlag